東京ディープツアー
2020年、消える街角

黒沢永紀［編著］

毎日新聞出版

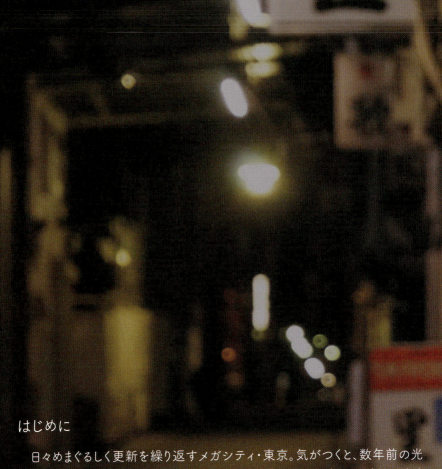

はじめに

　日々めぐるしく更新を繰り返すメガシティ・東京。気がつくと、数年前の光景がまったく別のものになっていることもしばしばある。その中には、新しく生まれ変わった方がよかったと思う場所もあれば、逆になくなってしまってよかったのか？と疑問に思うものも多い。特に、東京が帝都と呼ばれた時代に造られたものや、戦中戦後の激動の時代を生き抜いてきたものは、そのものが東京の記憶であり、それらが失われることは、この都市から過去の記憶が消えてしまうことに繋がるがる。

　本書には軍事施設や鉄道、水道施設から住宅など様々な物件を取り上げているが、物件そのものをお伝えしたいわけではない。それらを通して、東京の過去と現在、そして未来を見てみたかった。タイトルの「ディープツアー」とは、色々な場所を訪れることではなく、東京に積み重なった時空を旅することである。江戸開府からたった400年余。しかしそこに積み重ねられた深淵な時間の、ほんの一部を旅してみようと思う。

ワイン居酒屋

があどした

今川小路［第2章 路地裏酒場］

東京ディープツアー
2020年、消える街角

はじめに・・・・・・・・・・・・・・・・・・・・・・・002

第1章 近代の痕跡

● 軍都の記憶
1 品川台場跡・・・・・・・・・・・・・・・・・・008
2 旧東京第一陸軍造兵廠・・・・・・・・・・・012
3 戸山ヶ原軍事施設跡・・・・・・・・・・・・016

● 鉄道遺産をゆく
1 赤煉瓦高架橋・・・・・・・・・・・・・・・・020
2 地下鉄新橋駅 幻のホーム・・・・・・・・・024
3 東京都港湾局専用線跡・・・・・・・・・・028

● 水道探訪
1 玉川上水余水吐跡・・・・・・・・・・・・・032
2 砧下浄水所・・・・・・・・・・・・・・・・・036
3 旧野方配水塔・・・・・・・・・・・・・・・040

● コラム● 都市東京の発展と河川の暗渠化・・・044

第2章 路地と迷宮

● 路地裏酒場
1 神田小路・今川小路・・・・・・・・・・・・048
2 初音小路・・・・・・・・・・・・・・・・・・052
3 新宿センター街・・・・・・・・・・・・・・056

● 色街残影
1 吉原・・・・・・・・・・・・・・・・・・・・060
2 玉の井・鳩の街・・・・・・・・・・・・・・064
3 消えた赤線跡・・・・・・・・・・・・・・・068

● 木造住宅素描
1 木造長屋街・・・・・・・・・・・・・・・・072
2 平成に残る奇妙な木造住宅ⒶⒷ・・・・・・076

● コラム● 絶滅危惧種としての商店街・・・・・・080

第3章 都市の変容

● 鉄筋集合住宅点景
1 同潤会三ノ輪アパートメント・・・・・・・・082
2 旧東京市営店舗向住宅・・・・・・・・・・086
3 青山北町アパート・・・・・・・・・・・・・090

● 消滅する街 新宿ノーザンウエスト・・・・・094
● 時代のミルフィーユ 青梅・・・・・・・・・100
● コラム● 都市の御嶽 空地・・・・・・・・・・106

おわりに・・・・・・・・・・・・・・・・・・・・・108

本書に掲載した写真はすべて公道ないしそれに準ずる場所から撮影しています。一部の物件は許可を得て撮影しています。各物件に関する記述は2016年3月時点のものです。

- 1…品川台場跡
- 2…旧東京第一陸軍造兵廠
- 3…戸山ヶ原軍事施設跡
- 4…赤煉瓦高架橋
- 5…地下鉄新橋駅 幻のホーム
- 6…東京都港湾局専用線跡
- 7…玉川上水余水吐跡
- 8…砧下浄水所
- 9…旧野方配水塔
- 10…神田小路・今川小路
- 11…初音小路
- 12…新宿センター街
- 13…吉原
- 14…玉の井・鳩の町
- 15…木造長屋街(月島)
- 16…平成に残る奇妙な木造住宅
- 17…旧東京市営店舗向住宅
- 18…青山北町アパート
- 19…新宿ノーザンウエスト

廃墟時代の東京第一陸軍造兵廠［第1章 軍都の記憶］

第1章
近代の痕跡

軍都の記憶

鉄道遺産をゆく

水道探訪

1　軍都の記憶-1
品川台場跡

近未来なビルが建ち並ぶ江東区のお台場。その名の由来は幕末に造られた海防拠点の品川台場に由来する。今も残る江戸時代の軍事遺構から眺める平成の世は、時空の歪んだ光景だった。

▶レプリカの砲台が並ぶ土手から望むレインボーブリッジ

時空の歪んだ光景

「攻撃は最大の防御」という言葉があるが、こと日本についていえば、「海は最大の防御」というところだろうか。移動手段と情報伝達が発達した現代ですら、日本への入国は容易ではない。安全な国ニッポンの神話は海に負うところが大きい。

品川台場とは、東京湾内に幕末に建造された砲台跡。1853年(嘉永6年)のペリー来航による海防の必要性から、11基(陸続きを合わせると12基)の台場が計画された。結局完成したのは5基で、2基は未成、残りの5基は計画だけで終わった。実際に使われることはなかったが、海上に浮かぶ要塞の存在自体が海防の役割を果たしたといえるかもしれない。

関東大震災を乗り越えた台場は、第三台場と第六台場が1926年(大正15年)に国の指定史跡となり、ほどなく第三台場が公園として整備された。その後、未成の台場を含めた5基は、戦前から戦後にかけて撤去されたり、埋立地に埋没したりするなどして、現在では一部分を除いて、その姿を見ることはできない。撤去された石材は、おもに隣接する東京防波堤をはじめとした各種施設の建材や、都内各地の公園のモニュメントとして再利用されている。

浮き島として当時の姿を留める第六台場は、いっさい手を加えない保存方法がとられているため、今では植物が旺盛に繁茂し野鳥の宝庫となっている。しかし近年、植物の地下茎や風雨によって崩壊が進行しつつあり、手を加えない保存への疑問の声が上がっているようだ。

陸続となった第三台場は、海上公園として解放されている。休息所だった中央の凹地から眺める現在の光景は、自由の女神像越しに臨むレインボーブリッジなど、不思議な景観の多いお台場の中でも特に際立って面白い。江戸時代の土手の上に建ち並ぶ現代のビル群には、別の時空から覗いているような錯覚を覚える。水上バス「ヒミコ」が第六台場の横を通過する夕景も、近未来をテーマにした映画のワンシーンを観るようだ。この時空の歪んだ景観こそ、お台場の最大の魅力だろう。

アクセス●新交通ゆりかもめ「お台場海浜公園駅」から徒歩15分

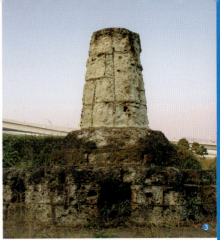

❶休息所から眺める現代のお台場の光景 ❷凹地の内側に施工された弾薬庫跡 ❸いくつもの焚き口がある復元された竈 ❹第三台場から眺める第六台場と水上バス「ヒミコ」 ❺弾薬を含まない鉄球の砲弾を格納した玉薬置所跡 ❻公園として整備された頃に設置された水飲場だろうか

1 軍都の記憶-2
旧東京第一陸軍造兵廠

かつて数多の軍事施設がひしめいていた帝都東京。敗戦後、その多くが解体され、跡地は自衛隊および公共施設や大規模な公園などに再利用されている。そんな中、近年再生された軍事施設がある。それはどんなものだろうか。

▶ラチス柱と天井のトラスが美しいかつての倉庫の内部

軍事施設の奇抜な再生

　東京第一陸軍造兵廠(以降「一造」)とは、北区の十条駅からほど近いエリアにあった、おもに兵器を製造する軍事工場のこと。JRをはさんで隣接する板橋区の第二造兵廠(以降「二造」)とともに、23区内で最大の規模を誇った。一造は弾薬の、二造は火薬の製造工場として、それぞれ使われていたようだ。

　この一帯は、江戸時代に加賀藩の広大な下屋敷があった場所で、金沢小学校をはじめ金沢橋や加賀公園など、今でも随所にその名残を散見する。

　戦後、GHQの接収時代を経て、1958年(昭和33年)から暫時返還。跡地は自衛隊の駐屯地のほか、おもに大学や公園として利用されている。民間に貸し出された施設もあり、中でも総煉瓦造りの倉庫はその外観と規模で目立つ存在だった。平成に入ってから閉鎖されていた倉庫は、鬱蒼と茂る草むらの中に佇み、戦時の残り香を感じさせたが、この倉庫が2008年(平成20年)に、北区立中央図書館の一部として再生された。

　倉庫の約半分を図書館の中に埋め込むような構造には驚かされる。軍事施設の再利用には反対の声もあったようだが、図書館という施設の性質も加味し、建物の一部として保存することに決めたという。

　倉庫を支えていた八幡製鉄所製の鉄骨柱の一つは、図書館の建設中、倉庫時代の位置からいっさい動かさずに館内へ組み込まれた。また、天井のトラスは、オリジナルと同じリベットがないことから、図書館の設計図の寸法どおりに切断し、もともとの組み上げのままの状態で再設置されている。

　同潤会青山アパートの一部を再生した「同潤館」や旧金沢県庁の半分をガラス張りにした「しいのき迎賓館」など、貴重な建物の再生を見かけるようになったが、中央図書館の再生は、その中でも群を抜いて奇抜かつ破格のものではないだろうか。

アクセス●JR京浜東北線・メトロ南北線「王子」からコミュニティバスで「中央図書館」
JR埼京線「十条」／JR京浜東北線「東十条」からともに徒歩12分

❶米軍接収時代の記号「275」が残るかつての倉庫 [❷〜❺:北区中央図書館] ❷館内の間仕切りの役割を果たす外壁の一部 ❸当時の形のまま天井に組み込まれたトラス ❹いっさい移動することなく館内で再生したラチス柱 ❺図書館に飲み込まれたような形で再生した倉庫 ❻外観からは2棟に見えたかつての倉庫 ❼野口研究所の敷地内に残る二造の弾道検査管跡など、一帯には多くの施設が残存している ❽区民センターとして再利用されている旧一造本部

1 軍都の記憶-3
戸山ヶ原軍事施設跡

東京23区の中心部には大規模な緑地公園が数多あるが、これらの中には、いわば歴史の必然によって産まれたものも多い。新宿の北部に広がる戸山ヶ原は、まさにその典型といっていいだろう。

▶かつての将校の会議室は教会が運営する幼稚園の施設として使われている

江戸から平成への変貌が眠る場所

　都市の中で緑地の占める割合を示す緑被率を見ると、東京は20パーセントを超えている。これはかなり高い数値で、例えば大阪はわずか3パーセントにすぎない。そして東京にこれだけたくさんの緑地があるのには理由があった。

　ご存知のように、江戸時代、市中には多くの大名屋敷があり、上屋敷から下屋敷まで合わせた面積は、実に7割近かったという。明治維新以降、敷地の大半は政府へ引き渡され、軍用地として使われた場所も少なくなかった。前項で触れた十条の造兵廠は加賀藩の下屋敷であり、また代々木練兵場は彦根藩の下屋敷を再利用したものだった。軍事施設は、GHQの接収時代を経て、公園や大学、各種の公共施設に転用されているものが多い。代々木練兵場は、東京オリンピックの時に選手村となり、現在では巨大な緑地公園として、都民の憩いの場となっている。

　新宿の北外れに位置する「戸山ヶ原」も、かつての軍事施設跡であり、さらに江戸時代には、尾張徳川家の下屋敷があった。江戸期の築山は、箱根山の名称で戸山公園に現存している。

　戸山ヶ原の軍事施設は、明治通りの西早稲田付近を中心に東西一帯に広がっていた。西側にあたる早稲田大学の理工学部キャンパス界隈には、練兵場や射撃訓練場があり、長い蒲鉾型の射撃トンネルがいくつも並んでいたが、今は敷地を囲んだ土塁の一部が残るばかりである。また東側の戸山公園や戸山ハイツのある一帯は、陸軍戸山学校をはじめとした学校関連の施設があった場所で、今でも教会堂の土台として、将校の会議室が残っている。さらに東へ進んだ国立感染研究所や国立国際医療研究センターといった特殊な施設が建ち並ぶ一画は、かつての軍医学校の跡。1989年(平成元年)に大量の人骨が発見され、生体実験をしていたとされる731部隊との関連が話題になった場所でもある。

　戸山ヶ原は、大名屋敷から軍事施設、そして戦後の大規模公園や団地への再利用という、東京の典型的な変遷を辿ってきたエリアといえる。

アクセス●都営大江戸線「西早稲田」から明治通りを挟んで東西それぞれ徒歩15分位のエリア
❶射撃場の土塁跡
❷会議室跡
❸陸軍軍医学校跡

❶大久保3丁目のマンションに挟まれて残る射撃場の土塁跡 ❷土塁のすぐ近くにある境界表示の跡 ❸箱根山のふもとに立つ戸山学校の碑 ❹戸山学校の碑のすぐ目の前にある、音楽学校があったことを今に伝えるレリーフ ❺障害福祉センターの片隅に残る、犬のマーキングポイントと化した軍医学校の車止めといわれる痕跡 ❻陸軍軍医学校と陸軍第一病院を繋いだ地下道の出入口跡 ❼戸山ヶ原射撃場の跡地に建つ早稲田大学理工学部の51号館 ❽陸軍戸山学校の跡地に建ち並ぶ戸山ハイツ

1 鉄道遺産をゆく-1
赤煉瓦高架橋

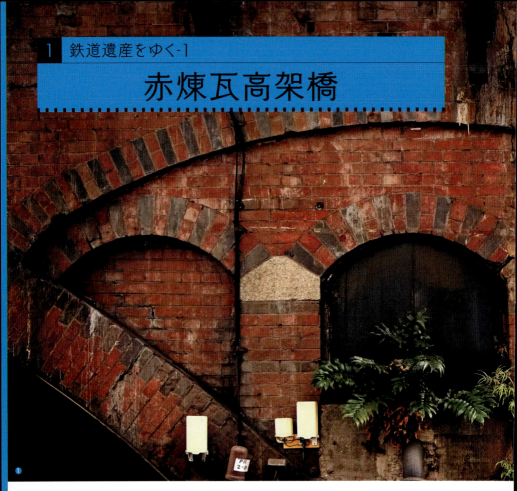

ボロボロの高架橋に眠る帝都の面影

　子どものころ、パリやロンドンの地図を見ては、都市の真ん中に、地上を走る鉄道がないのが気になった。東京はというと、私鉄は別にして、山手線や中央線などのJR線（その昔は国電）で完全に繋がっている。その違いに違和感をおぼえたものだが、実は東京もかつて繋がっていなかったことを知ったのは、ずいぶんと大人になってからのことである。

　明治時代の後期まで、東海道線、中央線、および東北線は、それぞれ新橋、御茶ノ水、そして上野が終点で、それらの駅の間に鉄道はなかった。

　最初に完成したのは、萬世橋駅の仮駅として開業した昌平橋駅付近で、1908年（明治41年）のこと。その4年後に、東京駅を設計した辰野金吾による煉瓦造りの萬世橋駅が開業した。それに先だって着工していた新橋と東京を結ぶ新永間市街線高架橋も、1914年（大正3年）の東京駅竣工とともに完成し、5年後の1919年（大正8年）、萬世橋駅と東京駅が開通して、約4キロに及ぶ赤煉瓦高架橋ができ上がった。

　近年復原された東京駅は煉瓦造りだが、当時竣工した萬世橋駅と新橋駅も煉瓦造りだったので、駅と高架橋が造りだす煉瓦づくしの景観は、さぞ壮麗なものだったに違いない。高架橋の着工から完成までの約20年は、ちょうど日露戦争から第一次大戦の終結に重なる。帝都の動乱の中から産まれた高架橋は、ニッポンが近代化へ向かって飛躍的に発展する象徴でもあったのだろう。

　関東大震災を乗り越えた高架橋だったが、昭和に入ってから、地盤沈下による損傷が進行したため、アーチ部分を分厚いコンクリートで固めるような

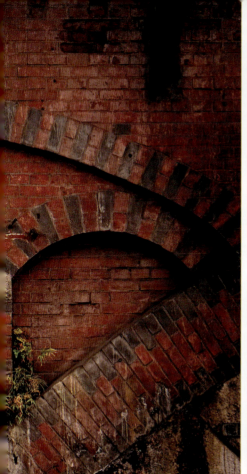
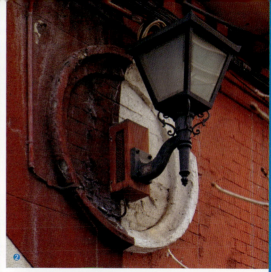
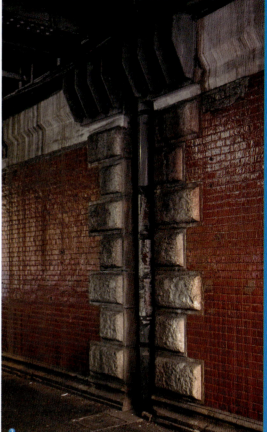

　大規模な補修工事が何度かなされている。また現在は、飲食店が入居するアーチが多く、煉瓦を覆い隠すように店舗が造られたり、煉瓦の表面が塗装されたりと、手の加えられようは、はなはだしい。
　建設から約100年余。満身創痍の姿はとても痛ましいが、華々しい復活をとげた東京駅だけでなく、煉瓦の高架橋も見守ってあげたいと思う。

アクセス●JR中央線「御茶ノ水」（昌平橋）～「東京」およびJR山手線・京浜東北線「東京駅」～「新橋駅」の高架下

❶アーチの間に造られた小アーチと、鉄板で塞がれた透かし模様 ❷円形の装飾「メダリオン」に施工された街灯 ❸隅の強度を高める「隅石」。天部のラジェター状の鉄板は落下防止のために後年に補強されたもの

❶萬世橋駅跡を再生させたマーチエキュート❷改装直前の萬世橋駅の構内階段❸東京〜萬世橋間市街線高架橋のアーチは、初期の頃の用途である倉庫として使われているものが多い❹随所に設けられた、鉄骨柱による3径間構造の架道橋❺ひときわ凝った意匠が施された昌平橋駅跡付近の高架橋❻有楽町の南、晴海通り架道橋横にある有楽コンコース❼いつも周囲が煙で充満している焼鳥屋「登運とん(とんとん)」が入店するアーチは、コンクリート補強がされている❽有楽町の北側にある丸三横丁。アーチの半分を店舗スペースに、半分を通路として使っているものも多い❾有楽町〜新橋間の高架下を縦貫するインターナショナルアーケード❿店舗の壁面でつぶされてしまったメダリオン

1 鉄道遺産をゆく-2
地下鉄新橋駅 幻のホーム

たくさんの人が行き交うピカピカの地下通路のすぐ裏に、外界の喧噪が嘘のような静寂の空間が広がる。わずか8ヶ月しか使われなかった「幻のホーム」とは、どんなホームだったのだろうか。

▶車止めから見る渋谷方面。ホームは会議室や休憩所として改装されている

地下に眠る徒花

　都内には、博物館動物園駅や旧初台駅など「幻の駅」といわれる駅がいくつもある。中でもよく知られているのが地下鉄新橋駅の「幻のホーム」だろう。多くのメディアで取り上げられ、実際にも存在する駅なので、もはや幻とはいえないだろうが、その歴史を紐解けば「幻」の意味が見えてくる。

　現在、銀座線が発着する東京メトロの新橋駅は、黎明期に2つの鉄道会社が乗り入れる駅だった。海外の見聞から、東京に地下鉄の必要性を提唱した早川徳次の東京地下鉄道(以降「地下鉄道」)と、東急の創業者である五島慶太の東京高速鉄道(以降「高速鉄道」)の2社である。地下鉄道は浅草から新橋を、高速鉄道は渋谷から新橋を、それぞれ運行する計画だった。加えて高速鉄道は、新宿方面への建設の権利も取得していたことから、新橋から折り返し、新宿へむかうための駅を造る必要があった。それが「幻のホーム」である。

　1934年(昭和9年)に地下鉄道が浅草から新橋まで開通させ、その5年後に高速鉄道も渋谷から新橋まで開通させた。だが、相互乗り入れに対する両社の思惑のもつれからすぐにはかなわず、折り返し駅が高速鉄道の新橋駅として暫定的に使われることとなった。

　8ヶ月後、現在の新橋駅を使った高速鉄道と地下鉄道の直通運転が始まり、幻のホームは折り返し駅として復活の時を待つことになる。

　しかし、1941年(昭和16年)に両社は営団に吸収され、やがて戦争激化で地下鉄工事は頓挫。戦後新宿方面への路線として丸ノ内線が完成したのは1959年(昭和34年)のことで、新橋を通らないルートだったため、幻のホームが復活することはなかった。そういう意味では、幻ではなく悲運のホームであり、今も眠り続ける徒花の駅だったといえるだろう。

　東京メトロは2015年(平成27年)に幻のホーム復活のアイデアを公募し、その結果をふまえながら一般公開も視野に入れた活用を検討中だ。

❶ぼんやりと点灯する車止めの標識。現在も車輛基地として使われている ❷ターミナル駅に多い頭端式ホームを分かつ簡素なアーチ型の列柱 ❸モザイクタイルで造られた右書き表示の「新橋」 ❹以前のイベント開催の名残だろうか ❺時間の集積を感じる階段 ❻ホームの先からは現役で運行する銀座線が見える

027

1 鉄道遺産をゆく-3
東京都港湾局専用線跡

誰にも知られることなくひっそりと働き、誰にも知られることなく静かにその役目を終えていった貨物線。かつて東京湾奥にあった貨物線は、埋立地という巨大な木の葉から東京へ養分を運ぶ葉脈だった。

▶造船工場の跡地に建てられた平成の高層住宅と強烈なコントラストを放つ晴海橋

東京に養分を運んだ葉脈

　東京湾の湾奥に佇む真っ赤に錆び付いた美しい鉄橋。晴海橋とよばれるローゼ橋は、アーチに施された菱形の梁(ものはり)が素朴な美しさを放ち、運河特有の無機質な景観の中でひときわ目を引く。かつて東京湾に運ばれて来た様々な物資を各地へ出荷した貨物専用鉄道のための鉄橋だった。

　東京都港湾局専用線は、東京湾の発展に伴い東京都(当初は東京市)によって敷設された貨物運搬専用の臨港鉄道。1953年(昭和28年)〜1959年(昭和34年)に、江東区の越中島貨物駅を始点として、豊洲埠頭への深川線と物揚場線、晴海埠頭への晴海線が次々と敷設された。高度経済成長のピーク時には総延長約24キロにも及び、50両を超える編成で取り扱った貨物は230万トンにも達した。

　しかし埠頭工場の移転やモータリゼーションの波に押され、昭和60年代初頭に深川線と物揚場線が廃止。晴海線も1989年(平成元年)に廃線となった。

　全線が廃止されてから28年。ほとんどの施設は撤去されたが、それでも晴海橋をはじめとしたいくつかの施設が残っている。マンションの谷間にひっそりと眠る越中島貨物駅は、まるでパラレルワールドに迷い込んだかのような印象だ。近隣の道沿いに残るわずか20メートルほどの線路は、周囲の鉄道関連の施設とともに、さながら博物館に展示されるような状態で残存し、沿線の中では最も当時の姿を留めている場所だろう。

　かつて豊洲にあった石川島播磨重工の巨大な造船所の跡地は「ららぽーと豊洲」となり、造船所への引込線がわずかにモニュメントとして残っている。最後まで残っていた晴海線も、めぼしいものは晴海橋くらいになってしまい、廃線跡をねぐらにしていた猫たちも、ほとんど姿を消してしまった。

　2016年(平成28年)現在、豊洲埠頭の南寄りのエリアは、東京中央卸売市場の移転地として着々と工事が進んでいる。また、晴海埠頭の南寄りのエリアは、オリンピックの選手村として整備が始まった。かつての東京への養分の取込口は今、劇的な変化を遂げようとしている。

アクセス●メトロ有楽町線「月島駅」「豊洲駅」からともに徒歩12分

❶越中島貨物駅のすぐ近くに残るわずか20メートル程の軌道跡 ❷売地として長年放置されてきた始発の越中島貨物駅跡 ❸晴海橋の銘板。1957の年号のほかに、設計が国鉄建設局特許設計室、制作が石川島重工であることが記されている ❹豊洲三丁目公園の一画にわずかばかり残る深川線の軌道跡 ❺10年前の晴海橋。左奥に写るセメント工場は解体された ❻当時の塗装が残る主桁の下面。大きなリベットに、この橋の強度を実感する ❼豊洲埠頭の「ららぽーと」から眺めるトワイライトに包まれた晴海橋

1 水道探訪-1
玉川上水余水吐跡

新宿御苑の外周沿いに残る「玉川上水余水吐」の跡。江戸の上水に造られた余水の落水路は、新宿の喧噪が嘘のような静寂に包まれた空間に、ひっそりと眠っていた。

▶新宿御苑の裏にひっそりと眠る余水吐跡

宿場町のド真ん中にあった水道システム

　江戸時代、庄右衛門・清右衛門の玉川兄弟が、たった7ヶ月で完成させた玉川上水は有名だ。東京多摩地区の羽村から40キロ以上流れてきた上水は、四谷大木戸(現在の四谷4丁目付近)から地下水道となって、江戸市中を潤していた。

　四谷4丁目は江戸中期にできた内藤新宿によって発展した町で、四谷大木戸から追分(現在の新宿3丁目交差点付近)までの間に多くの旅籠や茶屋が並び、新宿の原型が造られた。特に飯盛女(遊女)を大勢抱える岡場所としても繁盛したことに、現在の新宿のルーツを垣間見ることができる。

　四谷大木戸には水量や水質の管理をする水番小屋があり、水門の手前に芥留とよばれるごみ取りの設備を備えて、水質を管理していた。江戸の流行歌で「四谷新宿馬糞のなかに　あやめ咲くとはしおらしい」と歌われるように、宿場の名物だった馬の糞尿が流れ込むのを監視したり、しおらしく咲いたあやめ(遊女)となさぬ仲になった男女の身投げの警戒などもしていたという。

　玉川上水は水量が多かったので、芥留の手前に、余った水を落水するシステムが造られていた。それが「余水吐」である。余水吐から流れ出た水流は、現在の地図でいうと、新宿御苑の東側に沿って流れ、外苑西通りを越えてJR線の下をくぐり、新国立競技場の横から渋谷川へ合流していた。

　現在、水路は都の下水道局が管理する暗渠となり、おもに雨水などの天水が流れているという。途中1カ所、板を差し込んで水量を調節したかつての堰柱と思われる遺構が残るほか、余水吐を偲ぶものはなにもない。四谷4丁目の区民センターの一画に立つ「水道碑記」と、江戸時代の石樋を使った四谷大木戸の碑だけが、往時の記憶を今に伝えている。

　1キロにも満たない暗渠となってしまった余水吐だが、痕跡を頼りに江戸の生活を想像するのもまた、現在の東京を歩く楽しみの一つだろう。

アクセス●メトロ丸ノ内線「新宿御苑前」「四谷三丁目」からともに徒歩6分

❶四谷区民センターの一画に立つ「水道碑記」❷玉川上水を偲んで造られた地下水を利用した水流❸暗渠となった余水吐へ通水する開閉弁❹水路跡に残る水流跡❺川幅がかなり広かったことが分かる水流跡❻外苑西通りの下を流れていたトンネル跡❼ほとんど土中に埋没しているJR線の下を流れていたトンネル跡❽余水吐終点近くに残る石垣の跡❾「水道碑記」の横に立つ石樋を再利用した四谷大木戸の碑

1 水道探訪-2
砧下浄水所

水道の蛇口をひねれば、あたりまえのように出る水。しかし、水道水をそのまま飲料水として飲める国はまだまだ少ない。「東京水」として販売されるほど美味しい東京の水の原点を探訪する。

▶隅々までアールデコ調のデザインが施された場内で最も古い旧ポンプ棟

水道の威信が刻まれた昭和モダン

　綺麗で美味しい東京の水を生み出してきた施設が、多摩川の堤防沿いに今も当時の姿のまま残っている。東京の南西、砧と呼ばれるエリアにある砧下浄水所（創建当時は浄水場）は、東京都の水道局が管理する施設だが、かつては渋谷区の前身である渋谷町が運営した浄水場だった。

　元来、東京の南西部は水質が悪く、さらに大正初期からふくれあがった人口による水不足に対応すべく、水道事業は急を要した。近代水道の父といわれる中島鋭治の指導のもと、浄水場から給水施設、そして水道網が完成したのは1923年（大正12年）のことだった。この時に建造された駒沢配水塔は、その特異な外観から広く世間に知られている。

　浄水場の創業時に建てられたポンプ棟は、青い瓦屋根の中央に尖塔を配し、壁面から周辺施設の細部にまでアールデコ調のレリーフが施された、昭和初期モダン建築の香りを今に伝える建物。当初は多摩川からの揚水と駒沢への送水の2種類のポンプが設置されていた。

　隣接して建つのは、スクラッチタイルの壁面と外階段が印象的な、1932年（昭和7年）建設の発電棟。当初、浄水場の電力は京王電鉄から買い受けていたそうだが、緊急時の対応策として自家発電へと移行した。

　発電棟と同じ年に建てられた取水ポンプ棟は、壁面や玄関の植え込み、そして建物の側面にまで施されたアールデコ調のレリーフとスクラッチタイルの壮麗な外観で、観る者を圧倒する。水道施設の黎明期に造られた施設には、市民の水を造り出す誇りが満ちあふれていた。

　現在、いずれの建物も老朽化が進行し、壁の剥落をはじめ、今後の存続が危ぶまれる。同時期に建造された、近未来的な外観を持つ杉並区の和田堀給水所の一号配水池が解体されてしまった今、水道事業の黎明期を伝える記憶として、ぜひ残してもらいたいものである。

アクセス●東急田園都市線・大井町線「二子玉川」から徒歩30分
※一般公開はされていない。敷地外からの見学は可能

①

②

③

❶付属施設にまでデザインが施された旧ポンプ棟の南側面 ❷和のテイストも感じる旧発電棟 ❸取水ポンプ棟の側面に施されたレリーフはとても公共施設の建屋とは思えない ❹旧発電棟の壁面に残る銘板。右書きで「昭和七年八月竣工 澀谷町」とある ❺壮麗な外観の取水ポンプ棟 ❻時代を感じさせる旧発電棟の外階段 ❼多摩川の土手にある空気抜き施設。右側が多摩川の河川敷 ❽旧ポンプ棟の玄関に施された装飾 ❾取水ポンプ棟の壁面の装飾 ❿取水ポンプ棟の入口に対で設置されている植え込み

1 水道探訪-3
旧野方配水塔

1976年(昭和51年)当時の配水塔の全景

2016年(平成28年)の配水塔。40年前と比べてそれほど変わっていない

先端技術が結集したおとぎの塔

　名古屋にあるトンガリ帽子の東山給水塔や水戸にあるケーキのような低地配水塔、そして王冠を連想させる駒沢配水塔など、およそ配水塔という建造物は、往々にしておとぎの国から飛び出したような形をしていることが多い。かつて23区北西部の人々に水を供給した野方配水塔もご多分に漏れず、めったにお目にかかれないフォルムをしている。

　前項で触れたように、東京都の水道施設はその黎明期、私設の会社によって造られたものがいくつかあり、この配水塔も荒玉水道という地域の組合によって建造されたものだった。

　野方配水塔は1929年(昭和4年)に竣工し、3年後に渋谷町と同様、東京都の水道局へ移管。その後1966年(昭和41年)まで稼働し、1972年(昭和47年)に給水場としての機能が終了した。役目を終えた後は災害用給水槽として2005年(平成17年)まで使用され、現在は国の登録文化財として保存されている。

　配水塔として使われなくなってからしばらくの間、放置されていた期間があった。入口の扉は錆び付いて壊れ、誰もが入れる状態だったので、その時に立ち入った様子をここに掲載しておく。

　ボロボロに錆び付き、いつ落ちてもおかしくない階段を一段ずつ確かめながら昇りきった先にあったのは、アーチの窓から差し込む神々しい光に包まれた巨大な空洞だった。水槽に水がなかったおかげで、自然落下による配水方法の構造を目の当たりにすることができたのを今でも覚えている。

　荒玉水道は、野方の予備施設として、板橋区の大谷口にも同形の配水塔を建造していた。近年まで残っていたが、老朽化により2005年に解体され、跡地にはかつての給水塔を模した塔型のポンプ室が建てられている。

　こんにち当たり前のように使う水道だが、その黎明期に組合までつくって工事を完成させた水道への情熱は、もはや歴史のしじまに消えつつある。無言で立つ配水塔が、おとぎ話のように伝えているに過ぎない。

アクセス●都営大江戸線「落合南長崎」から徒歩13分
※内部は公開されていない。外観の見学は可能

❶錆び付いた階段が続く階段室の内部 ❷階段室の終点は、床を切り抜いただけの簡素な出入口 ❸円筒周壁の上端に巡らされた回廊の出入口 ❹水槽内部へ通じる木製観音開きの扉 ❺アーチ型の採光窓から光が差し込む水槽の壁面には、送水管と溢流管が設置されていた ❻建設中の大谷口配水塔。配水管が先に設置されているのがわかる(『荒玉水道抄誌』より) ❼最頂部の換気塔から眺める昭和50年代の中野区 ※❻以外全て1976年(昭和51年)に撮影

空襲時の弾丸跡の謎

公園内の解説板には、空襲時の弾丸の痕跡として、階段室外壁の傷（写真右）を示しているが、1976年（昭和51年）に撮影した写真（写真左）に傷跡はなく、逆に右隣の胴体外壁に弾丸の跡と思われる痕跡が見てとれる。中野区に問い合わせると、米軍機の攻撃を受けた記録はあるものの場所はわからないので、古老の話を元に適当に決めたということだった。都市伝説の誕生である。

コラム

都市東京の発展と河川の暗渠化

　東京の街にはかつて、数多くの川が流れていた。山の手の台地に刻まれた谷筋の水を集める自然河川、台地の背を縫うように流れ、生活用水や工業用水を給水した上水、そして海運に利用された低地の堀割。それらは東京の都市化に伴って、多くが埋め立てられたり、暗渠化されたりしてしまった。「暗渠」とは、蓋をされた河川や地中に埋設された水路を指す言葉だが、暗渠化された東京の自然河川の多くは、蓋をされただけではなく、下水道に転用されている。

高度経済成長と暗渠

　これらの河川が暗渠化された契機としてよく言及されるのが1964年（昭和39年）の「東京オリンピック」に向けた下水道整備と景観整備だ。確かにこの時期、有名な渋谷川をはじめ山の手の多くの中小河川が暗渠となっている。実際には、暗渠化はオリンピックではなく、1961年（昭和36年）に出された「下水道36答申」に基づくものだ。当時、東京郊外の急激な都市化に伴う土地の貯水機能の消失で、東京の中小河川の水源は平時には枯渇し、降雨時には急激な増水による洪水が多発していた。一方で、急増する生活排水に下水道整備が追いつかず、その結果、河川は下水を水源とする川となっていた。それらを背景に、答申では中小河川を暗渠化して下水道に転用することが打ち出された。これにより、渋谷川（戦前と戦後の暗渠化地図Ⓐ）、北沢川Ⓑ、烏山川Ⓒ、蛇崩川Ⓓ、桃園川Ⓔ、立会川Ⓕ、呑川Ⓖ、九品仏川Ⓗ、田柄川Ⓘなどといった川が暗渠化され、下水道幹線となった。多少東京の地理に明るい人であれば、緑道などになったこれらの川の暗渠を知っているだろう。

帝都復興期と暗渠

　一方で、これ以前にも実はもう一つ、河川の暗渠化が進んだ時期があった。それは関東大震災後〜昭和初期にかけての、いわゆる帝都復興期だ。明治中期から大正末期にかけ、東京の人口は爆発的に増加している。特に関東大震災を契機として市街地は旧15区外や山手線沿線、更には山手線以西まで拡大した。これに伴い、生活排水・工業排水の流入によって河川は汚染され、住宅の密集は洪水の被害を増幅した。これらは河川

● 戦前と戦後の暗渠化地図（イメージ）

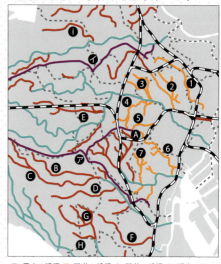

紫：用水の暗渠　橙：戦前の暗渠　赤：戦後の暗渠　青：現在の川

を暗渠化しそのまま下水にすることで解決が図られた。このときは、谷田川（藍染川）❶、谷端川❷、弦巻川❸、水窪川❸、蟹川❹、紅葉川❺、鮫川❻、笄川❼といった、山手線の内側を流れていた河川が暗渠化された。なお、この時期には三田用水㋐、千川用水㋑といった用水路も暗渠化されている。こちらは産業に利用されていた用水の汚染を事前に防ぐための暗渠化であった。

暗渠の様相

こうしてみると、時期は異なるが双方とも、東京の都市圏の拡大が契機となっている。帝都復興期、そして高度経済成長期。東京の暗渠はそれぞれの時期の東京の発展のネガであるといえよう。

これら二つの時期に暗渠化された河川の跡を辿ってみると、ずいぶんとその雰囲気は異なる。高度経済成長期以降に暗渠化された川には、橋や護岸など、川自体の遺構が残っていることが、ままある。暗渠上は遊歩道・緑地（写真❶）、児童遊園となっていたり、空き地のまま残されていることも多い。小さな川だと、水路に蓋をかけただけの状態で残っていたりもする（写真❷）。また、周囲の宅地化が進行してから暗渠化されたため、家々が暗渠に背を向けていることが多い（写真❸）。これらの風景からは、暗渠化直前、川が流れていた頃の様子をある程度想像できるだろう。

一方、戦前に暗渠化された川は、暗渠化から長い歳月が経っていることもあり、水が流れていた頃の遺構や面影はあまり残っていない。道の描くフォルムに名残があることもあるが、中には暗渠時に合わせて流路を改変整理している場合もある。暗渠上も比較的しっかりとした車道となっていたり、商店街が形成されていたりする（写真❹）。そこがかつて川だったと知らなければわからないことが多いだろう。

暗渠に残る時相（時層）のズレ

ただ、いずれの暗渠にも共通するのは、暗渠の周囲は時間の進行が遅く、古い風景が残っていることが多いという点だ。川は、土地の歴史や人々の生活を規定し形作ってきた。川自体が暗渠となって失われても、そこには様々な時代の地形、風景、土地、時間の記憶が降り積もるように重なり合って、川の抜け殻のように残っている。暗渠を辿ると、そういった過去の東京の様子を断層のように垣間見ることができる。暗渠は時相のズレが現れる場所、といえるかもしれない。

例えば西新宿に流れていた神田川の支流の暗渠には、いくつもの橋が残っている。それらの一つ「榎橋」（写真❺）は1924年（大正13年）、つまり関東大震災直後の竣工だ。川が暗渠化されたのは1960年代半ば。それから50年、水面を失い、欄干はぶっつりと切断され、周囲の風景が激変し、それでもこうして都心の片隅に忘れられたように残って、毎日多くの人が橋を渡っていく。

変わり続けていく風景

しかしながら、暗渠の風景は、暗渠になった時点でそのまま固定されるわけではない。どんなに鮮明な記憶でも時間がたてば薄れていくように、暗渠の風景もまた、時とともに変化していく。コンクリート蓋の暗渠がアスファルトで塗り固められたり、橋の跡が撤去されり、暗渠沿いの古い町並みが再開発で一変したりといった、いわば記憶の喪失は街のどこかしらで静かに、しかし着実に起こっている。

最近では、2005年（平成17年）の地方分権一括法の制定が、残された暗渠にとってターニングポイントとなっている。従来国有の「法定外公共物」であった暗渠や川跡は、払い下げにより、宅地などに転用できるようになった。これにより、暗渠自体がなくなってしまうようなケースも起こっている。

そんな中で私達にできるのは、風景が失われる前に、暗渠を辿り、川と街の記憶を掬い上げていくことだろう。そこが川だったことを誰かが覚えている限り、川は水面をなくしてもなお流れ続ける。

❶遊歩道となっている羅漢寺川（らかんじがわ）暗渠 ❷桃園川支流の蓋かけ暗渠 ❸家々が背を向ける烏山川緑道 ❹よみせ通り商店街となっている藍染川の暗渠 ❺神田川支流暗渠に残る榎橋 ❻古戸越川（ことごえがわ）暗渠に残る1933年（昭和8年）竣工の古戸越橋 ❼川の面影を残す入谷川（いりやがわ）の暗渠

第2章
路地と迷宮

路地裏酒場

色街残影

木造住宅素描

2 路地裏酒場-1
神田小路・今川小路

神田駅は官公庁や大手企業ビルが建ち並ぶ大手町から近く、夕暮れ時となれば多くの公務員、サラリーマンらが一杯やるために暖簾をくぐる。そんな店の中でも一種の異観をなしているのが山手線・京浜東北線高架ガード下の酒場群だ。

▶一つのアーチ内に店がひしめく「神田小路」(左)と架道橋の下に肩を寄せ合う「今川小路」

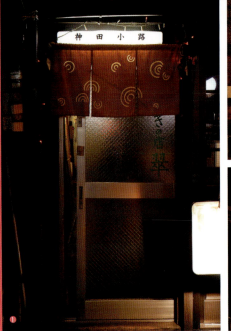

存続が危ぶまれるガード下の昭和遺産

　山手・京浜東北線高架の東京駅・神田駅間は大正時代に完成した古めかしい煉瓦アーチ式で、その半円ドーム型の空洞に酒場が収納されている。戦前は倉庫などに使用されたが、戦後の闇市時代を経て飲食店となったものが多い。有楽町駅・新橋駅などのガード下と並び、神田駅もまた酔っ払いの聖地である。その中で「神田小路」は煉瓦高架下の半円ドーム内に屋台のような小型店舗が並ぶ、非常に珍しい酒場だ。

　同小路は神田駅東口駅前に並んでいた露天商が1949年（昭和24年）、東京都の「露店撤去令」をうけて一ヶ所のガード下に移転して構築されたいわゆる「露店換地」である。神田小路を突き抜け東海道線列車が上を走る鉄筋コンクリート式高架ガードの下部に入ると、一気にスペースが広がって雑居ビル風の造作となる。この時代別によるガードの建設方式と下部店舗の展開の違いは非常に興味深い。

　神田小路からガードに沿って南へ歩いてゆくとビジネスホテル脇の細道に「今川小路」と書かれた寂しげな看板が見える。道に踏み込んでゆくと、そこには物陰に隠れるようにひっそりとほんの数軒の酒場が営業しているのが発見できる。こちらも1951年（昭和26年）に神田駅前から露店が移転した換地である。ここは東京でも随一の侘びしい佇まいの昭和遺産だ。

　その入口にある「大松」なる看板。もはや営業はしていないが、女優になる前の浅丘ルリ子が終戦後に寄宿していたという店舗である（当時は2階が雀荘）。数年前まで16軒が並んだという酒場、しかし上野駅と東京駅を結んだ東海道線の「上野東京ライン」の高架線建設工事で半数程が解体され、経営者の高齢化などの理由で、さらに半数は看板を残すのみで、休業中である。

　神田小路付近のガード下居酒屋も2020年の東京オリンピックに向けて解体改築される店が目立つ。「大越」とならび大型の大衆居酒屋だった「升亀」が2013年（平成25年）に暖簾を下ろした。渾沌とした神田駅付近の酒場は、今後どうなってゆくのだろうか。

アクセス●❶神田小路はJR京浜東北線・山手線・中央線「神田」西口（大手町方面口）から徒歩1分❷今川小路は神田小路からガード沿いを南方向に歩いて徒歩1分

「呑ん兵衛神田(じんた)」
住所　東京都中央区日本橋本石町 4-2-7
電話　03-3275-9906
営業　17時半〜24時
定休日　土曜・日曜・祝日

❶神田小路の入口。都有地のため、近々解体される予定もあるとか ❷中は2階建てで、かつては住まいとしても使われていた ❸神田小路裏のガード下には、浅丘ルリ子の同級生だという大将が握る「次郎長寿司」と、その奥さんと娘さんがきりもりする「スナックるり」がある ❹今川小路の通りはかつて竜閑川だった。今川焼発祥の地ともいわれる ❺「呑ん兵衛 神田」の裕子ママは富山のご出身。かつては日銀のお客さんで賑わった ❻仄暗い路地にポツンと灯る小路の看板。JR所有地の今川小路は、しばらく解体の予定はない ❼小路入口の横に佇むレトロな街頭 ❽架道橋すれすれに造られた2階には、今もお住まいの方がいらっしゃる

2 路地裏酒場-2
初音小路

まるで盛り場とは思えない墓地裏の寂しい道沿いに、突如飲み屋横丁のアーケードが現れる。まさに場末、戦後の風情をそのまま残した日暮里「初音小路」は、都内でも貴重になった終戦直後からの保存度が非常に高い露店換地だった。

▶上：入口の中華料理店は「都せんべい」とともに初音小路設立当初からある歴史あるお店

戦後の酒場を今に伝える
木造アーケードの飲屋街

　日暮里駅北口を西側に進み、谷中銀座商店街のアーチをくぐる手前、左に折れる細く目立たない道路がある。道を入ってみなければまったく気づくことはないが、この道を少し入った、盛り場とはまったく無縁の場所に、突如飲み屋横丁が現われる。蛍光灯が照らす看板には「初音小路」の文字。ここも終戦後、近隣の露天商が撤去令によって移転してきた「露店換地」である。現在の谷中銀座商店街入口付近に日本国憲法制定後初の総選挙で日本社会党から首相となった片山哲の私邸があり、その周辺で営業していた露店が撤去令を受けて移転してきたものという。同地に当時の地名、初音町三丁目から谷中墓地脇の都有地に引っ越してきたため、初音小路となった。

　特徴的なのは通りから垂直に入り込む10メートルほどの小路に、木造の古めかしいアーケードが設置されていることだ。都内の露店換地の完了を記念して、1952年（昭和27年）に東京都が出版した『露店』なる冊子があり、初音小路の写真も載っているが、なんと現在と同じアーケードが写り込んでいる。入口付近の煎餅屋「都せんべい」も「都あられ」の看板をかかげて写り込んでおり、この小路が戦後から大きく変わらぬままに保存されてきた貴重な場所だと分かる。

　小路の両側に、14〜15軒の店が並び、入口付近は中華料理屋や煎餅屋だが、奥に進むと店は居酒屋やスナックに変わる。さらに一番奥の左手に共同便所があり、さすがにそれは現代的に、清潔に改装されているが、しかし狭い土地に多くの飲食店が押し込められた結果共同便所が必要となる、換地の立地構造がこの小路にはそのまま残されており、これも貴重な昭和遺産であるといえよう。

　小路の古老の話によれば、かつてこの小路では昭和の大ヒット歌手・藤圭子（宇多田ヒカルの母としても知られる）の両親が流しをしていたという。また、一説には2階に客をあげる青線営業の小料理屋もあったとも。

❶

❷

アクセス●JR常磐線・上野東京ライン・山手線・京浜東北線「日暮里」から御殿坂を歩いて徒歩約3分

❶移転当初は「初音マーケット」と名づけられていた ❷アーケードの天井部分。改修を続けながら現在に至る ❸『出没!アド街ック天国』で紹介され、谷根千散歩がてらに訪れる人が増えたという ❹❻この小路で店を開いて18年、フラダンスも16年の経歴を持つ「居酒屋みち」のママ。「お店とフラダンスが生きがいです」と語る ❺清掃が行き届いた共同便所。各店が持ち回りで掃除を担当する ❼大衆の文化遺産・初音小路の隣にある国の登録有形文化財「朝倉彫塑館」

「居酒屋みち」
住　所　東京都台東区谷中7-18-13
電　話　03-3823-7110
営　業　18時～22時
定休日　日曜・祝日

2 路地裏酒場-3
新宿センター街

日本屈指の歓楽街・新宿歌舞伎町。多くのビルが改装され現代的でオシャレなテナントビルになった中、昭和の景色をとどめ、暴力バーがあった時代の殺伐とした空気を残す一画があった。

▶ギラギラな歌舞伎町のド真ん中に立地する妖しげな異空間。「不夜城」の看板も見える

渾沌とした時代の空気が凝縮した空間

　原色のネオンがまたたく歌舞伎町に、いかにも裏路地の風情を漂わせるうらぶれた一画がある。区役所通り沿いのランドマーク、「風林会館」の道路を挟んだ南側、雑居ビルの裏手に延びる「新宿センター街」だ。通行人がすれ違うのも難儀するほどの細い路地に古びた屋台酒場、怪しげなバーなどが密集する、歌舞伎町でもっともディープな小道である。

　この通りを有名にしたのは馳星周のベストセラー小説で、金城武主演で映画化もされ『不夜城』（1998年公開）である。小説は同地で実際に起きた殺人事件にインスパイアされている。1994年（平成6年）8月、この路地にあった中華料理店の中国人従業員が青竜刀で惨殺される事件があったのだ。バブル景気を背景に中国・韓国をはじめ東南アジア、中東、東欧などの外国人があふれ、「歌舞伎町租界」と呼ばれた渾沌の時代の出来事である。

　しかしこの路地を薄暗く怪しくさせる背景は、歴史をさらに遡ったところに源流がある。

　終戦後、新宿駅前にあった露店が区役所通り沿いに移転し、「三番街」なる飲食店街になったのが1952年（昭和27年）頃。その路地裏部分に位置したのが現在の新宿センター街で、人通りのない裏路地ゆえに、そこは非合法売春を行う青線バーが密集する魔窟となった。2階のバーに入ると店内に3階に続く階段があり、そこに春をひさぐために使われた個室が隠されている、といった怪しげな構造のビル、いわゆる「青線建築」が時代を越えて今も残る。

　この数年の間に「不夜城」「カリビアン」などと名づけられた、馳星周の小説由来のバーがオープンした。またビルとビルの間で営業する中華料理店「上海小吃（シャンハイシャオツー）」は今でこそ本場上海の食材を使った人気店だが、かつては中国マフィアの巣窟として知られた。多くの店が代替わりし、今では明朗会計の酒場がほとんどだ。それでも路地の薄暗く、怪しげなムードだけは変わりようがない。戦後の青線、そして歌舞伎町租界時代の記憶が土地に染みついた貴重な一画といえよう。

アクセス●JR・京王線・小田急線・メトロ丸ノ内線・都営大江戸線「新宿」から区役所通りに入り、風林会館に向かって徒歩約10分。右側の路地に建つ「思い出の抜け道」と書かれたアーチが目印

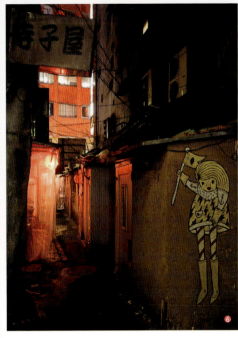

「竹千代」
住所　東京都新宿区歌舞伎町 1-3-11
電話　090-2408-6682
営業　17時半～32時
定休日　無休

❶「アジア」をふんぷんと臭わせる路地の一角 ❷センター街の中でもひときわヤバい店構えの「竹千代」❸日本一のクラブと豪語する話し上手な竹千代ママと、これまた話が面白い店長のまさるくん。深夜から出勤のえりこさんは朝7時頃まで ❹新宿二丁目「白い部屋」出身のかずこさんは聞き上手な楽しいママ ❺中国人形が入口で出迎える「上海小吃」❻路地には闇市のバラックを彷彿とさせる建屋がひしめく。壁面にイラストのある店が「かずこ」

2 色街残影-1
吉 原

1657年(明暦3年)に造られた遊廓の町割りがほぼ残り、わが国最大のソープランド街として今なお「色街」であり続ける「吉原」は、都内に存在する秘境の一つである。写真の建物は2棟とも戦後の赤線時代に建てられた娼家で、アパートとして現在も活躍中。廓内にはほかにもこのような貴重な建物が点在している。

▶江戸町2丁目の東側にあたる伏見町の通りには、アパートや住宅に転用された赤線時代の建物がいくつも残されている

 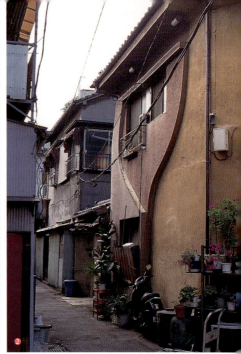

江戸の昔から連綿と続く色里

　広く世に知られ、話題にのぼることが多いにもかかわらず、実際のところどこにあるのかよくわからないのが「吉原」である。現在の町名は台東区千束4丁目。大まかにいえば、そこは浅草の裏手（北側）にあたり、浅草寺から直線距離にして約1キロ。徒歩15分ほど。最寄り駅を挙げるとすれば、地下鉄日比谷線の三ノ輪か入谷、地下鉄銀座線または地下鉄浅草線の浅草ということになるが、どの駅からもかなり歩く必要がある。そのため吉原のソープランドでは店ごとに専用のクルマが用意され、客を駅まで送り迎えすることが一般に行われているほどだ。

　もっともそのような陸の孤島であったからこそ、大規模な再開発や宅地化による荒廃を免れることができたし、総数150軒ともいわれるソープランド街は取り潰されることなく、世をはばかるように営業を続けることができた。もし吉原が交通機関に恵まれた盛り場の近くに存在していたら、とてもそうはいかなかっただろう。

　遊廓吉原は幾度となく大火に見舞われたが、そのつど復活を遂げてきた歴史がある。近いところでは1945年（昭和20年）3月の東京大空襲によってほぼ全焼。終戦を迎えるとGHQの手によって公娼制度（＝遊廓）が廃止され、さしもの吉原も色里としての歴史にピリオドが打たれるかと思われた。ところが翌1946年（昭和21年）になると事実上の公娼制度である「赤線」がなしくずしに誕生。吉原でも赤線独特のカフェー調の店が続々と建てられ、全域で売春を前提とした営業が再開された。現在の吉原に遊廓時代の建物が残っておらず、現存する古い娼家がすべて戦後の赤線時代のものである理由はここからきている。

　売春防止法が完全実施された1958年（昭和33年）4月1日をもって赤線は廃止されたが、1966年（昭和41年）からはソープランドの「禁止除外区域」（＝営業許可区域）として、新たなお墨付きの下、巨大なソープランド街を形成して現在に至っている。

アクセス●メトロ日比谷線「三ノ輪」から吉原のソープ街まで徒歩約13分。JR常磐線・メトロ日比谷線「南千住」ないしメトロ銀座線・都営浅草線・東武伊勢崎線「浅草」からは徒歩約20分ほど

❶前の見開きページでも紹介した伏見町の建物❷京町2丁目にこれも現存する赤線時代の建物❸京町2丁目と角町の間にある細い通りには、戦後の赤線の時代に建てられたと思われる建物が軒を連ねていた。手前の建物は解体されて一般の住宅に。その先の2階家は介護関連施設として現在も活躍中である❹アパートに転用されて現存する伏見町の建物。赤線時代の屋号は「親切」だったようだ❺『トルコロジー』『ちろりん村顛末記』などの著作で知られる風俗研究家・広岡敬一氏が、赤線真っ只中の1949年(昭和24年)に撮影した京町2丁目の夜景。南側の交差点付近から仲之町を遠望するアングルで撮影されている❻揚屋町通りの北側に1990年代まで放置されていた建物。「さろん松島」という赤線当時の屋号が読み取れた

2 色街残影-2
玉の井・鳩の街

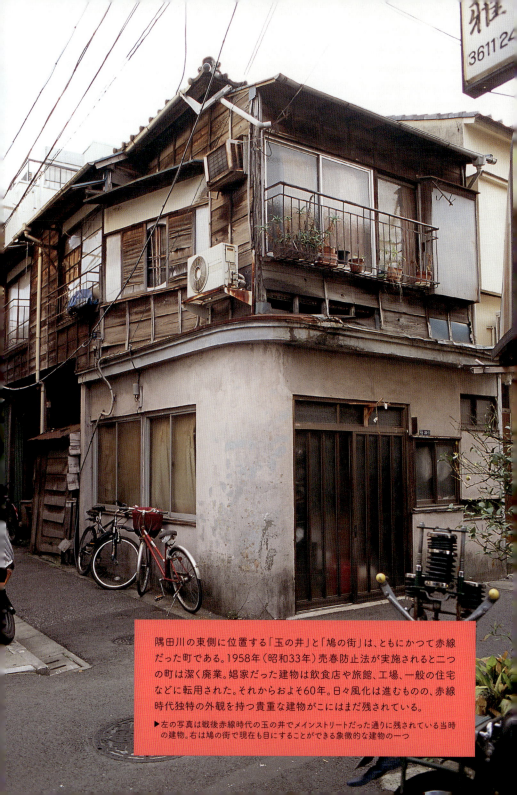

隅田川の東側に位置する「玉の井」と「鳩の街」は、ともにかつて赤線だった町である。1958年（昭和33年）売春防止法が実施されると二つの町は潔く廃業。娼家だった建物は飲食店や旅館、工場、一般の住宅などに転用された。それからおよそ60年。日々風化は進むものの、赤線時代独特の外観を持つ貴重な建物がこにはまだ残されている。

▶左の写真は戦後赤線時代の玉の井でメインストリートだった通りに残されている当時の建物。右は鳩の街で現在も目にすることができる象徴的な建物の一つ

荷風が愛した私娼街と戦後（アプレ）派の赤線

「玉の井」と「鳩の街」も吉原同様、実際どこにあるのか見当がつきにくい町だが、地図を見ると浅草からさほど離れていないことがわかる。大まかにいえば、吉原と同じように「浅草圏」に属する盛り場だったといえるだろう。現在の最寄り駅はそれぞれ、東武スカイツリーラインの東向島と曳舟で、地下鉄半蔵門線が乗り入れるようになってから、アクセスは大幅に向上した。

田んぼや湿地が目立つ玉の井一帯に新興の私娼街が形成され始めたのは、今から約1世紀前の大正半ばのこと。やがて水戸街道の東側にまで範囲は拡大し、1930（昭和5）年の調査では店の数は497軒。私娼は合わせて901人。作家永井荷風が私娼街とそこで働く女性を綿密に取材して『濹東綺譚』を書き上げたのは、1936年（昭和11年）のことである。1945年（昭和20年）3月の東京大空襲によって私娼街は全焼。同じ場所で再開されることはなかったが、戦後になると同じ玉の井でも区域が異なる、「いろは通り」をはさんで北側の一帯に許可が下りて、業者たちは「赤線」として再スタートを切った。

今、玉の井の町を歩いてみて、いろは通りの北側では娼家らしき建物を見ることができるのに対し、南側で全く見られないのは、こういった経緯による。しかしながら玉の井といえば本来はやはり、ラビリンス（迷宮）と呼ばれた戦前までの一帯である。『濹東綺譚』を片手に主人公が歩いた道筋をたどってみると、主要な道路は昔のままだし、作中描かれた路地やドブの跡が意外なほど残っていることに驚かされる。

一方の鳩の街は、東京大空襲で焼け出された玉の井の業者のうちの一部が移転して作った、全く新しい色町だった。赤線区域だったのは商店街の東側で、当時の建物がわずかに残されている。下町らしさを求めて町歩きに訪れる人も多く、筆者が取材のために再訪した日も、平日にもかかわらずそれらしき来訪者を何人も見かけたほどだ。

アクセス●❶旧玉の井の戦後カフェー街の建物は東武伊勢崎線「東向島」から徒歩約5分、玉の井いろは通り商店街の北側❷鳩の街通り商店街は東武伊勢崎線「東向島」ないし「曳舟」から徒歩約7分

❶近年まで玉の井に残されていたモルタルのバルコニーを備えた赤線時代の建物❷2000年代初頭まで玉の井に残されていた赤線時代の建物で、外壁は珍しく板張りだった。突き当たりは東清寺の墓地❸鳩の街で現在も見ることができる貴重な建物。タイル張りの円柱を持ち同じ形のドアが二つ連続するなど、赤線時代独特の外観を備えている❹いかにも玉の井らしい通り抜け可能な狭い路地。路地は健在だが、正面に見えるモルタル造りの建物を含む一画は再開発されて、建売住宅が並ぶ❺色鮮やかなタイル張りの円柱とバルコニーを備えた鳩の街の建物。長らく空き家だったが、2009年(平成21年)、失火によって焼失❻クリスマスを間近に控えた鳩の街通り商店街。個人商店が中心で、高い建物はまだ建てられていない

2 色街残影-3
消えた赤線跡

ネット上には「赤線跡」に関する様々な情報があふれている。かつての色街を探訪することは町歩きの一ジャンルとしてすっかり定着したようだ。しかし建物に関しては待ったなしの状態といえる。とにかく早めに、である。そしてもう一つ心に留めておかなくてはならないのは、探訪者イコールその町にとっては闖入者だという、当たり前の事実だろう。

▶新小岩の赤線跡に近年まで残され、様々な業種に転用されていた赤線当時の建物。高層マンションの建設によって、これらの建物をふくむ付近の景観は一変した

21世紀の色街探訪のかたち

　連日連夜、莫大な金額が費やされ、肉体と情念が交差した町に漂う独特の「気配」。たとえ建物は失われても気配ぐらいは残るのではないか――。少し前まで筆者はそのように考えていたのだが、そういった叙情的思考をぐらつかせたのが、今回の企画に合わせて再訪した新小岩の赤線跡の現況である。

　以前とは様子が違うので、最初は道を間違えたのかと思ったのだが、よく見ると前ページで紹介した木造家屋をふくむ一帯が再開発されて、ファミリー向けのマンションが2棟建っている。駅から数分の一等地でもあり、時間の問題だったといえないこともないが、10階建て程度のマンションがまるで超高層ビルのように見えたのは、それだけこちらの驚きが大きかったからだろう。

　前ページ右側の建物は変則的な造りで、横に長い大きな建物が棟割にされて、撮影した当時は寿司店、クリーニング店など数軒の店が並んでいた。手元にある赤線時代に撮られた同じ建物の写真を見ると、「YANAGIYA」「カフェーやよい」「喫茶すゞらん」といった店名のほか、玄関先に立つ女性の姿も見て取れ、特殊飲食店が並ぶ建物だったことは明らかなのだが、寿司店ならともかく、ここまで根こそぎ変わってしまっては、もはや気配どころではなくなってくる。マンションの先の十字路付近も様変わりしており、以前撮影したモルタル造りの化粧品店や大衆食堂は姿を消していた。

　同じ日に行った立石の赤線跡の方は、2、3年前に見た時とほとんど変わらず、主な建物もそのままだったが、「呑んべ横丁」と合わせて再開発の計画が持ち上がっていると聞く。

　玉の井、鳩の街、洲崎も東日本大震災以来ここ数年の変化は急で、象徴的だったいくつかの建物が解体されて主に一般の住宅に変化した。吉原も例外ではなく、最近になって江戸町1丁目の旧廓内にミニ開発の建売住宅群が出現。新住民の姿が目立つようになっている。

❶洲崎の赤線跡に残されていた建物。アパートに転用されていたが、震災後、惜しくも解体された❷八王子田町に現存する建物で、おそらくは戦前の遊廓の時代からのものと思われる。敷地は奥行きがあって、建物も敷地いっぱいに建てられている❸立石の赤線跡で現在も目にすることができる円柱をいくつも備えた建物。スナックだったが現在は休業中❹同じ形の玄関を二つ持ち、タイルや円柱、青いスペイン瓦による装飾など、戦後赤線時代の特徴を備えていた千住柳町の「旅館 喜らく」❺新小岩の赤線跡に残されていたモルタル造り、総2階の大きな建物。奥まった場所にあって、寮のような使われ方をしていた❻新宿2丁目に残されていた建物。左側ドア上部のすりガラスに「サロン」の文字が見える

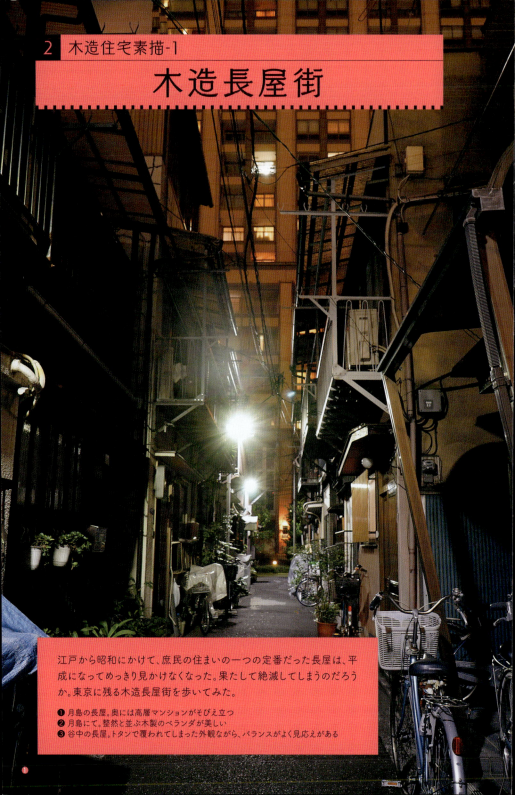

2 木造住宅素描-1
木造長屋街

江戸から昭和にかけて、庶民の住まいの一つの定番だった長屋は、平成になってめっきり見かけなくなった。果たして絶滅してしまうのだろうか。東京に残る木造長屋街を歩いてみた。

❶ 月島の長屋。奥には高層マンションがそびえ立つ
❷ 月島にて。整然と並ぶ木製のベランダが美しい
❸ 谷中の長屋。トタンで覆われてしまった外観ながら、バランスがよく見応えがある

長屋が育んだコミュニティー

　長屋の花見や粗忽長屋、そしてお化け長屋など、落語に登場する長屋は枚挙に暇がない。それだけ長屋が江戸の庶民にとって、そして東京人にとって、身近であり、かつ話題にことかかない舞台だったのだろう。

　東京には今でもたくさんの木造住宅が建ち並んでいる。戸建てを中心に、新たに建てられるものも数知れない。近年では、木という素材が見直され、繁華街の商業ビルを一棟まるごと木造建築で造る計画も出はじめたようだ。逆に、レトロな長屋造りの建物はめっきり少なくなったが、それでも羽目板の外壁を持つ棟割長屋は、都内随所で見ることができる。特に古参の埋立地である月島や築地の狭い路地に、多くの長屋がひしめく光景は圧巻である。

　長屋とは、一棟に何軒かの住居が入居した建物のことで、江戸時代に商人や町人の住宅として都市部に発達した住居形態だった。明治に入ってからも長屋は庶民の住まいの定番として存続し、現代でも、羽目板のような外壁ではないものの、長屋構造の建物は新たに造られている。長屋とは、日本人のDNAに染み込んだ居住形態なのかもしれない。

　平成の世に残る長屋街を見ると、特に多かったのは三軒長屋とよばれる、3つの世帯が1棟に入居したタイプのものだった。これは、関東大震災以降、長屋に優劣を付け、3軒以下の長屋を優良、それ以上のものを危険という分類をしたことによるらしい。

　また、共同水場の残るものもあったが、現役では使われておらず、トイレから炊事場を含む水回りは屋内へ取り込まれ、プライベートが守られた長屋が大半を占めていた。

　本来長屋とは、建物だけでなく、共同厠に共同水場、そして路地といった要素とともに成り立つもの。厠の清掃や水場での井戸端会議など、狭い路地が作り出す濃密な人間関係こそ、長屋本来の魅力だったに違いない。たとえ木造の長屋はなくなったとしても、長屋が育んだコミュニティーの精神は残って欲しいものである。

❶谷中に残っていた長屋。本来3軒以上繋がった長屋を寸断して三軒長屋としたものだろう❷錆びまくったトタン壁は、長屋と同様とても魅力的だ。月島にて❸西新宿のオペラシティの麓にかつてあった3軒以上連なる長屋❹湯島の長屋は総羽目板張りの典型的な三軒長屋❺❼つい近年まで西麻布にあった長屋街❻雑司ヶ谷の長屋は看板建築で、1階には店舗が入居している

2　木造住宅素描-2　平成に残る奇妙な木造住宅Ⓐ

都市のホコロビに潜む闇

　西新宿から都道318号環状七号線（通称「環七」）までを一直線に繋ぐ水道道路は、第1章の水道探訪で触れた玉川上水の施設を車道にしたもの。水道道路と環七が交わる西側の150メートルほどの区間に、トタン張りの木造住宅がズラッと並ぶ一画がある。戦後闇市のバラックを彷彿とさせる街並は、まるで時空のエアポケットに迷い込んだかのようだ。

　この街角は、戦後すぐに、焼け出された人たちが住み始めたことに端を発する。1957年（昭和32年）に都が道路用地に決定し、水道道路の延長として、幅員約15メートルの車道が造られるはずだった。

　しかしその後工事が行われることなく50年以上が経過して今日に至っている。現存する住宅は、そのほとんどが戦後当時の建屋を改装したもので、防災の面から見れば極めて危険な物件といわざるをえないが、道路用地であるために建て替えることができない。

　都の建設局によると、50年ものあいだ手をつけられなかった理由を費用や人材の不足とし、ここ以外にも、長年頓挫している案件がたくさんあるという。そして2016年（平成28年）、事業化が本格的に決定し、今後は説明会と個別の相談会が予定されている。交渉が順当に進めば、2020年には、この住宅街はなくなっているかもしれない。

　また、この町内には生活排水路と化したかつての川筋の一部が、開渠として残っている。深い所では1メートル近くもあり、幼児の転落が危惧されるために、地元住民は有蓋化の申請を出したが、都は子どもに読めない漢字の多い注意書を立てただけだった。さらに、建物の横にはプロパンガスが並ぶ。このエリアには都市ガスが今でも引かれていないのである。

　夕日を浴びて赤く染まる街角は、昭和ノスタルジーを感じさせる雰囲気ある場所だが、その裏には、都会の中にできたホコロビのように、知られざる物語が眠っていた。

❶幅員約5メートルの狭い道の両側に建ち並ぶバラックを彷彿とさせる街並。路地の先には水道道路が続き、最奥に西新宿の高層ビルが見える❷簡素な看板建築が目立つ❸今では仕舞屋（しもたや）も多いが、かつて1階は商店として使用されていた家が多い❹古色蒼然とした木造家屋は、倒壊の危険性と隣り合わせ❺簡素な町屋造りの家屋❻今でも暗渠化されていない生活排水溝

2 木造住宅素描-2　平成に残る奇妙な木造住宅Ⓑ

最果ての桃源郷

　その下流域が東京と神奈川の県境を兼ねる多摩川は、東京に数多ある川の中で、都内の流域が最も長く、東京と関わりの深い河川といえる。

　下流域には広い河川敷が多数あり、野球場やゴルフ場など、様々なフィールド・レクリエーション施設が設営され、付近の住民をはじめとした都民のオアシスの役割を果たしている。

　そんな多摩川だが、羽田空港にほど近い六郷土手と呼ばれる付近の河川敷には、いくつものバラックが建ち並び、さながらブルー・ビレッジとでも呼べる様相を呈している。

　厚生労働省が発表した2015年（平成27年）のホームレスの数は、全国で約6,500人、東京では市部を併せて約1,500人だった。ちなみに国連人権委員会による2013年（平成25年）の報告では、23区のホームレスは約5,000人だとしている。この差は、それぞれの調査方法の違いによるのだろうが、いずれにせよ、5万人を超え

るといわれるマニラやニューユーク、モスクワなどに比べると、少ないことには違いない。

　厚生労働省の報告書には、人数の他にエリア別の統計も記載されている。都市公園、河川、道路、駅舎、その他の施設の5項目に分けての調査結果を見ると、過去5年間で、常に河川が一番多い。食料や水の確保を考えれば、都市公園の方が便利に思えるが、河川に居住する人が最も多いのは、やはり環境の良さだろうか。

　ともすれば緊張を感じるほど整備された東京にあって、多摩川の河川敷は、人工と自然が絶妙に融合したホッとする空間だろう。バラックを囲む木立も、ほとんど自然のままだと思うが、下手に手をいれた庭より遥かに気が利いている。

　環境と共生しながら、自作の家に住む。ホームレスという生き方や土地の無断使用の善し悪しは別として、人が住むということの、一つの原点を見る思いがした。それは都会の最果てにできた桃源郷なのかもしれない。

❶もはやブルーテントとは言えない気合の入った建屋 ❷木材とシートの配色が絶妙なバランス ❸遥か群衆を離れた桃源郷の夕暮れ ❹河口付近の心地いい殺風景 ❺ほどよい木立が絶妙な「庭」

危機遺産に選ばれた築地の木造建築

歴史的建築物などの保存に取り組む、アメリカの「ワールド・モニュメント」財団が、2015年(平成27年)10月、築地に残る、主に昭和以降に建てられた木造建築群を「危機遺産」のリストに入れた。本稿執筆の時点で、場外市場は「築地魚河岸」のオープンを予定しているが、木造建築の街並もぜひ残して欲しいものだ。(写真はリストに掲載された、場外市場にある「円正寺」と看板建築)。

コラム

絶滅危惧種としての商店街

　幼少の頃、神社を囲む商店街のある街に住んでいた。ひがな一日公園を兼ねた境内で遊び、腹が減れば肉屋さんのコロッケや総菜屋さんのおでんを買い食いしたのが昨日のように甦る。毎日が商店街の活気とともにピカピカと光っていた。今、その商店街で店を営むのは、ほんの数軒だけである。

　ドーナツ化が話題となって久しい。特に地方都市では、駅前のシャッター通り商店街が増加の一途をたどっている。中小企業庁の全国を対象にした商店街の実態調査では、約80パーセントの商店街が、衰退している、あるいは、衰退のおそれがあると回答しているという。

　本来商店街は、専門店の集まりだったはずだ。しかしその専門性が、品数面でも価格面でも、大手スーパーにお株を取られてしまった。コンビニの普及も衰退に拍車をかける。地域によっては、ほとんどコンビニしかないような街角もあるほどだ。長崎にある軍艦島の商店街は、かつては専門店の集まりだったが、後年はどの店もコンビニ化し、似たような商品を並べるようになっていた。コンビニとは、人が過密に暮らす場所に自然発生的に生まれる業態なのかもしれない。

　そんな中、元気に存続している商店街もある。前述の実態調査で、活気ある商店街と、衰退しつつある商店街の違いを見比べると、ソフト面では、防犯への配慮と各種の勉強会の開催の有無、ハード面では、バリアフリーへの配慮と景観の統一に大きな差があらわれていた。あたりまえの話だが、時代に即した対応と変化への努力が、商店街存続の鍵を握っているのだろう。

　画像は浅草地下商店街。2016年（平成28年）の時点で、国内で現存最古の商店街だという。ほんの十数件の小さな規模だが、ピカピカと輝いていた時代を思い起こさせてくれる昭和の商店街は、いつまでも残っていてほしいものである。

第3章
都市の変容

鉄筋集合住宅点景

消滅する街
新宿ノーザンウェスト

時代のミルフィーユ
青梅

③ 鉄筋集合住宅点景-1
同潤会三ノ輪アパートメント

すべての物件が消滅した今、同潤会アパートメントは完全に過去のものになってしまった。90年代に起こった再評価の機運を経験した人間として、あらためてあれは何だったのかを考えてみた。

▶さすがに老朽化が隠せなかった晩年の三ノ輪アパートメントの外観

①

最後まで「最新」だった同潤会アパート

　2013年(平成25年)に解体された上野下アパートメントを最後に、東京と横浜に16ヶ所あった同潤会アパートはすべてなくなってしまった。三ノ輪アパートメントは、最後から2番目まで残っていた。解体が始まったのは2009年(平成21年)。建設されたのは1928年(昭和3年)だから実に80年以上建っていたことになる。戦災をくぐり抜け生き延びたその姿はさすがに「今なおかくしゃくとして」というわけにはいかず、相当なくたびれようではあったが、改めてそのモダンな佇まいにほれぼれした。

　同潤会は関東大震災からの復興を目的として設立された団体だ。内務大臣を会長とする財団法人で、全国から寄せられた義援金を財源に事業を行った。その成果としてこの三ノ輪アパートメントや青山アパートメントをはじめとする、都心部に建てられたモダンなRC造の集合住宅が注目される。だが実にはこれらは事業の一部にすぎない。ほかに木造の普通住宅と呼ばれるいわば郊外ニュータウン開発なども行った。

　しかし、この普通住宅はアパートメント以上にその名残を見つけるのが難しい。赤羽や荏原などに12ヶ所あったが、木造ゆえほぼすべて建て替わっている。後の団地面開発のさきがけとなったにもかかわらずほとんど話題に上らず「同潤会といえばアパート」になったのは、残っていないからだ。

　つまり同潤会アパートメントのすごさはやはり「ずっと残っていた」ということにあると思う。ぼくは三ノ輪アパートメントにノスタルジーは感じなかった。そこにあったのは80年以上の存在を可能にした思想とテクノロジーだ。植物に覆われ剥がれかかった外壁も、使い込まれて丸くなった階段室の木の手すりも、すべてはかつての最先端技術が可能にした凄みである。

　なので、なくなってようやくぼくは懐かしさを感じることができるようになった。惜しむというより「ねぎらい、送った」という感じ。でもやっぱりちょっと寂しいけどね。

❶中庭に造られた共同水場 ❷ペイントが施された屋上 ❸❹4畳半一間の部屋もあった ❹戦火の跡が残る棟内 ❺空襲による被害で劣化が激しかった外壁 ❻使い込まれて丸くなった階段の手すり ❼壁面に施されていたモザイク

3 鉄筋集合住宅点景-2
旧東京市営店舗向住宅

鉄筋集合住宅の黎明期に建てられたアパートは、今ではそのほとんどが残っていない。そんな中、東京の下町に、鉄筋でありながら長屋の趣を残し、しかも現役で使われている建物がある。

▶思いおもいに改装された鉄筋長屋のバラエティ豊かな正面

デモクラシーの生き証人

　江東区の西はずれにある清澄通りを歩いていると、壁のように建ち並ぶ長屋風の建物にでくわす。しかし、棟割の造りではあるが木造ではない。近づいて見ると、どうやら鉄筋コンクリート（以降「RC」）でできているようだ。震災復興期の真っただ中、同潤会三ノ輪アパートメントと同じ年に建てられ、今でも現役で使われている東京市営店舗向住宅（以降「鉄筋長屋」）である。

　かつて江東区には東京初のRCアパートである東京市営古石場住宅や同潤会の住利共同住宅、そして清洲通アパートメントなどが建ち、震災復興アパートの実験場のような場所だった。また復興期の後になるが、鉄筋長屋のすぐ近くにある清洲寮は、竣工当時の姿を留めながら現役で使われている。

　関東大震災の後、仮建築とよばれたバラックの建屋が乱立し、やがて本建築とよばれるRC造の建物に建て替えられていった。そのピーク時に建てられたのがこの鉄筋長屋である。

　東京大空襲にも耐え抜いた鉄筋長屋は、戦後ほどなくして東京都から各住居に分譲され、今は個人の所有となっている。そのため、建物の前面には思い思いの改装が施され、建設当時の形を留める部分は少ない。

それでもちらほらと残る当初のデザインが、震災復興期の息吹を今に伝えている。特に目を惹くのは、ライト風（帝国ホテルの設計で知られるフランク・ロイド・ライトの作風）の幾何学模様と、ロマネスク風の柱形の装飾を併存させた2階部分である。当時流行りの様式を軽やかに折衷した造りは、この時代特有のものだ。

　当初は48戸が入居し、4〜8戸での棟割りだったらしいが、その後いくつかは解体され、現在では歯抜けの状態になっている。

　前項で触れた木造長屋は、じきに東京から姿を消すだろう。しかしこの鉄筋長屋は、下町の長屋風情を残しながら、今後も残っていくにちがいない。街の中で造られ、街の中で使われ続ける無名の建物もまた、時代を超えて残って欲しい建物である。

アクセス●都営大江戸線「清澄白河」から徒歩3分

❶建設当時の姿をもっとも残していると思われる南端の棟 ❷通り沿いに壁のように並ぶRC造の長屋 ❸当初の姿をほとんど残していない棟 ❹2階中央の柱の装飾を取り外してアルミサッシュの窓に改造 ❺この部分だけ見れば完全にフランク・ロイド・ライトの建築に見える ❻❺より簡略化された装飾 ❼前面の装飾を埋めてしまった跡

3 鉄筋集合住宅点景-3

青山北町アパート

1964年(昭和39年)、東京オリンピックの前後に建てられた団地が2020年のオリンピックを控えた今どんどん消えていっている。その代表である青山の物件を例に、再開発とは何なのかを考えてみよう。

▶青山通りからちょっと入ると、そこには別世界がひろがっている。古びた棟と緑の濃さが印象的

青山の別世界・都営青山北町アパート

　表参道交差点から青山通りを外苑方向へと歩いて行くと、左手にちょっと気になる道がある。なんだろうここ？　と思ってこの道に入っていった人も多いのではないか。試したことのない方は今すぐに行ってみてほしい。青山のど真ん中とは思えない別世界が広がっている。まるでタイムスリップしたかのように、1957年(昭和32年)建設の団地が建ち並んでいる。都営青山北町アパートだ。

　1号棟から21号棟まであり、すべて4、5階建て。約4ヘクタールあってかなり広い。ぼくが特に気に入っているのはポイントハウスと呼ばれるこぢんまりしたデザインの棟。そして青山通りから通じているくだんの道がいい。単なる道路ではなく団地にとっての広場である。団地のお祭りもここで行われる。さながら「団地表参道」だ。

　今すぐに行くべき、と言った理由はこの団地が老朽化を理由に近々取り壊されるからだ。まるで白昼夢を見ている感じのこの場所が青山からなくなるのは惜しい。

　青山北町アパートが建つ前のここは、師範学校や旧制中学校などがある文教地区だった。興味深いのは学校の敷地がそのまま団地になったという点だ。そして団地表参道は、もとの学校時代の正門に通じるメインストリートが保存されたもの。

　団地は面なので、以前の土地利用状況を無視できない。場所には時間も含まれていて、団地の場合それは配置に表れる。よく「画一的で個性がない」と言われるが、建築で見れば確かにそうかもしれない。なにしろ建物としての団地の真骨頂は「規格化」にあるのだから。しかし、団地の本質はレイアウトだ。その点で見れば一つとして同じ団地は存在しない。

　青山北町アパートを訪ねたら、棟のかわいらしさと雰囲気を愛で、そして団地表参道を味わって欲しい。願わくば、棟は消えてなくなってもこの道だけはこのまま残って欲しい。街の記憶を受け継ぐとはそういうことであり、団地はちゃんとそれを残したのだから。

アクセス●メトロ銀座線・半蔵門線「表参道」「外苑前」からともに徒歩5分

❶古い団地の見所の一つであるダストシュートが3本。いいアクセントになっている❷団地ができた当初はひょろひょろだった木立も、棟を越える高さに❸入口にある案内図。こういう看板ももはや貴重。記念に引き取りたいぐらいだ❹この12号棟がとくにお気に入り。いわゆるポイントハウスと呼ばれるかわいい形式。ほかに7号棟と13号棟も同じスタイル❺いかにも低層団地らしい階段室の佇まいがすてきだ❻青山のド真ん中とは思えない空の広さが印象的❼くだんの通りは広場としても機能する。団地のお祭りはここで行われる

3 消滅する街
新宿ノーザンウエスト

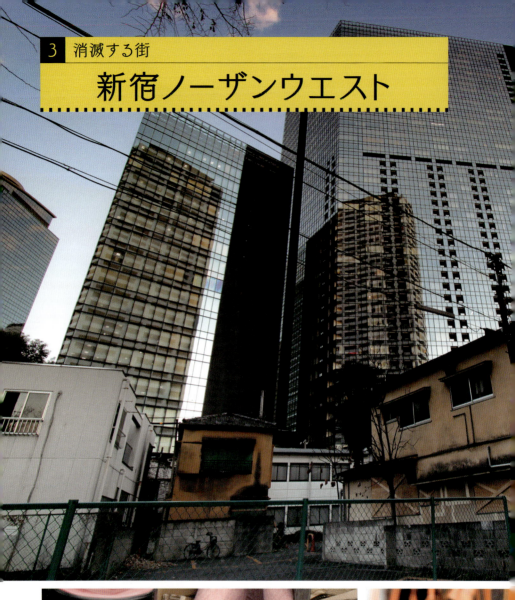

昭和という時代の終焉

都庁のある新宿は、江戸の中期から発展し続け、特に70年代以降の高層ビルの建築ラッシュと都庁の完成によって、今では日本の中心地になったといっても過言ではない。そんな新宿にあって、北西の方角にあたる一帯は、最も再開発が遅れていた地域だった。2000年代の初頭には、密集する木造家屋の間を縫って小さなスナックや焼鳥屋が並ぶ、昭和のほっこりした町だったが、その後広範囲にわたるスクラップ＆ビルドが行われ、全く違う街へと変貌を遂げた。

都庁の西に位置する西新宿5丁目には、団子屋や鰹節屋などが軒を連ねる昭和が息づく商店街があったが、2016年（平成28年）の現在、店は全て消滅し、巨大なビルが建設中だ。隣接する西新宿6丁目は、その半分のエリアが2000年代の後半に高層ビルとなり、トタン張りの一軒家が最後まで頑張っていた残り半分のエリアも、2016年の時点で、工事用のフェンスが張られている。おそらく2020年には、全く違う街となっているだろう。西新宿8丁目にあった、壁画だけ残して解体を中断していた銭湯や道路の拡張で島化していた店舗長屋なども、真っ黒な複合ビルに姿を変えた。もっとも外れにあたる北新宿2丁目は、一番早くから再開発が始まった地域で、10年前に取材を始めた頃には、すでに広大な更地の中に4、5軒、民家が点在するばかりだった。ほどなく平成のマンションが完成し、かつての面影はどこにも残っていない。

本書の刊行にあたり、久しぶりに訪れたノーザンウエストは、ほぼ再開発の最終段階を迎え、そのあまりにも変わり果てた姿に愕然とした。かつて撮影した場所から同じアングルでカメラを構えると、どのショットにもビルが入りきらない。壁のように写る高層ビル群は、昭和という時代が完全になくなったことを告げているかのように思えた。しかし、でき上がったビルを見れば、効率面からも安全面からも、もちろん経済的にも、はるかに素晴らしいことには違いない。消え行く街角を記録することで、せめて記憶の一助になればと思うばかりである。

① 新宿ノーザンウエストで最後まで昭和が残っていた西新宿6丁目（2011年）② ③ 西新宿6丁目の開発が始まる前夜、建設予定地にたむろしていた猫たち（2006年）

アクセス●都営大江戸線「西新宿」より徒歩3分～10分位の範囲

<西新宿5丁目> ❶道の両側にたくさんの商店が建ち並んだ「けやき橋商店会」(2007年) ❷❶のその後。商店会の建屋は撤去され、道筋すら変えられている(2016年) ❸西新宿5丁目に今でも残る「みのり商店街」にも、コンビニの驚異がひたひたと迫っている(2016年) ❹けやき橋商店会の路地にあった木造住宅が並ぶ一画(2007年) ❺同じくけやき橋商店会にあった玩具店(2007年)

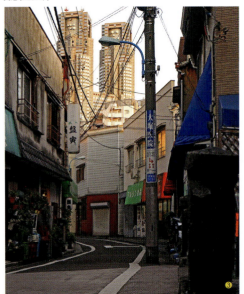

<西新宿6丁目> ❶昭和の木造住宅が並んだ西新宿6丁目(2007年) ❷❶のその後。10年前の街並は完全に消滅している(2016年) ❸西新宿6丁目の中でも、特に古かった板張りの木造家屋(2007年) ❹最後まで残っていたトタン張りの住宅も、とうとう撤去されてしまった(2011年) ❺高層ビルの目映い照明に浮かび上がる木造住宅群は幻想的な光景だった(2007年)

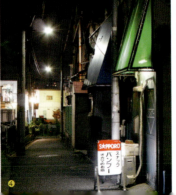

＜西新宿8丁目＞ ❶タイルの壁画を鑑賞できた「第二吉の湯」(2007年) ❷❶のその後。銭湯の跡地に建つ複合ビル(2016年) ❸道幅の拡張工事で、島のように取り残された店舗長屋(2007年) ❹細々と営業を続けていたスナック街の一角(2007年) ❺❸と❹のエリアから変貌を遂げた様子(2007年)

<北新宿2丁目> ❶既に廃墟だった蔦に覆われた商店(2007年)❷❶付近のその後。同じアングルで撮影すると、ビルが壁のように写る(2016年)❸植物に覆われた木造2階建てアパートには、最後まで住人がいた(2007年)❹❸付近のその後。前記同様、画面に入りきらない建物(2016年)

3 時代のミルフィーユ
青梅

ジオラマ作家、山本高樹氏による青梅をテーマにした幻想的なジオラマ

郊外に生まれた東京の ジオラマ

　これまで23区に点在する、様々な時代の異景と原景を見てきたが、これら明治から昭和にかけての時空の歪みが一堂に会する場所がある。同じ東京でも23区を離れた青梅は、様々な時代の痕跡が混在し、これまでお伝えしてきたディープツアーを丸ごと封じ込めたテーマパークのような場所だ。

　青梅の駅に着くなり、地下通路には洋邦とり混ぜた名作映画の看板が張りめぐらされ、一気に異空間へと誘われる。街中にもそこかしこに掛かるレトロな看板は、看板絵師、久保板観(くぼばんかん)氏の作品で、90年代初頭に青梅で開催されたアートフェスで描いて以来、街興しも兼ねて描き続けては掲示されているそうだ。しかし現在、青梅に映画館はない。映画が最も輝いていた時代の記憶だけが封印されたかのような街である。

　看板といえば、街中に溢れる看板建築も素晴らしい。東京の下町に見られる地味な装いとは違い、前面を看板代わりに使った看板建築本来の形が残っている。屋号の書体が素晴らしい店や、銅板の壁と木製サッシの窓が絶妙な色合いを出す店など、どの看板も必見の価値があるものばかりだ。

　また、町屋造りの建物も多数残存している。町屋造りとは、看板建築以前の商店を兼ねた家屋の建て方で、一階の軒先が張り出した出桁造(だしげたづくり)をはじめ、倉造りの町屋などが並ぶ街を歩けば、一気に明治時代へとタイムスリップできる。

　宿場町として栄えた青梅には、料理屋、芸妓屋、待合の三つの業種が集まった三業地区、すなわち花街もあった。駅近に残る三業エリアには、ほとんど当時の面影は残っていないが、それでもレトロなビリヤード場やバルコニー付の写真館など、残り香を感じさせてくれる一画となっている。

　三業通りを東へ進むと、宿場町の記憶を今に伝える唯一の旅館「橋本屋」がある。1870年(明治3年)創業というからかなりのものだ。橋本屋のほど近くにあるとんかつ「もりたや」も1902年(明治35年)創業の老舗。遊廓を彷彿とさせる建物は、青梅市の景観形成重要資源に指定されている。

　さらに青梅は猫の町でもある。駅近にある「昭和の猫町にゃにゃまがり」をはじめ、街の随所に猫のイラストやオブジェがあるが、これは、映画で街興しをする青梅に共感して応援していた漫画家の赤塚不二夫氏(青梅市出身ではない)の愛猫にあやかってのことだという。

①

①駅の地下通路の壁面に貼られた板観氏制作の映画の看板 ②ホームにある蕎麦屋の看板も板観氏によるもの ③山本氏のジオラマや板観氏の看板が展示されている「昭和幻燈館」 ④街中のいたるところに展示される看板 ⑤中には板観氏制作以外の気の抜けた看板もある

①商品と屋号のフォントが涙ものの「ホテイヤ」さんは創業130年の老舗 ②緑青の銅板と凝った意匠の窓が美しい ③配色のバランスが絶妙な「柏倉洋品店」 ④1軒を分割して2軒に見せる看板建築 ⑤看板建築の上に映画の看板を設置した店舗も数多い

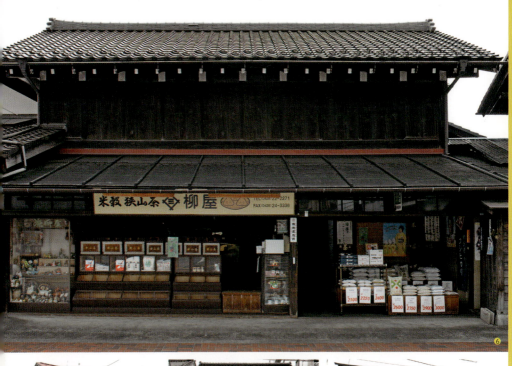

❶宿場時代の名残を今に伝える旅館「橋本屋」❷三業通り界隈にあるビリヤード場跡❸1902年(明治35年)創業のとんかつ「もりたや」❹時空旅行をテーマにした小説『夏への扉』を屋号にしたカフェは、かつての診療所をリメイクした不思議な建物❺ほとんど面影のない三業エリアのメインストリート❻通し土間のある「柳屋米店」は明治の建築❼❾街道沿いには町屋造りの建物が多数建ち並ぶ❽もとはれっきとした町屋だった「昭和レトロ商品博物館」❿猫のイラストが蓋に描かれた懐かしい街頭ゴミ箱⓫たくさんの猫のレリーフが出迎える「昭和の猫町にゃにゃまがり」

コラム

都市の御嶽 空地

①

空地——もともと何かがあって、でも今はなく、やがて新しい何かが生まれる場所でもあり、かつて一度は廃墟があった場所。それは、ぽっかりと空いた都会の落とし穴のようでもあり、街を創り変える神の御嶽（うたき）のようでもある。

もう10年以上も前になるが、「江戸東京たてもの園」で『ドラえもんとはらっぱ〜土管はワンダーランドへの入口』という企画展が開催された。好評につき会期が延長されるほどだったという。しかし、『ドラえもん』に出てくるような、子どもが入れるくらいの大きさの土管が3本積んであって、適度な雑草と木製の電柱が立つ、夕焼けが似合いそうな空地は、もはや都内に望むべくもない。ビルの谷間を無理矢理こじ開けてでき上がった、弛緩した空間であることの方が多く、この心地よい殺風景こそ、東京の空地なのかもしれない。

街中の空地は、周囲との境界線がはっきりしているので、「建物がない」という存在感を示す。特にビルに囲まれた空地の周囲には、それまで見ることのなかった街の顔が現れる。かつて空地にあったビルに

②

よって隠されていた周囲のビルの壁面が、まるで下着に隠れていた柔肌を晒すように露わになり、ほんのちょっぴり気恥ずかしそうだ。こちらとしても、見てはいけないものを見てしまったような気になる。

中には東京の中心地でありながら、長い間放置されている空地もよく見かける。第1章で触れた越中島駅など、公有地の場合が多く、時が止まった空間がいつも口を開けているのも東京ならではの光景だ。

街中にある箱庭のような空地とは別に、湾岸の埋立地に広がる広大な空地も気になる。やがて大規模なビル群やショッピングモールの建設を控えて、ゼロに戻された茫漠とした荒野には、ビルが密集するブロックを丸ごと巨大なヘラで押しつぶしたような暴力的な魅力的を感じる。

近年、空地を有効活用する簡易駐車場の増殖で、空地らしい空地はめっきりなくなってしまったが、土地のつかの間の休息であり、やがてなくなる運命の空地は、東京という街をとても象徴しているように思う。

①豊洲市場の建設が始まる前の茫漠とした空地 ②ビルの谷間にできた空地 ③永田町のド真ん中に10年以上放置されている空地 ④放置期間が長過ぎて自然へ還ろうとしている空地 ⑤新宿ノーザンウエストの大規模な空地は、不夜城・東京に漆黒のエリアを生み出していた

おわりに

　ちょっと時空の歪んだ東京探訪の旅はいかがだっただろうか。とりあげた物件は、日々更新されていく東京の記憶のほんの一部に過ぎず、一見まとまりのないもののようにも見えるだろう。しかし、「今川小路」が路地裏の飲屋街であり、かつての水路の跡であり、同時に赤煉瓦の高架下という特殊な環境でもあるように、多摩川が東京都民の水源であると同時に最果ての桃源郷でもあったように、そして新宿ノーザンウエストには、木造住宅から高層ビルへのダイナミックな変貌の裏に、常に広大な空地があったように、それぞれが複雑に絡み合って東京という混沌とした街ができ上がっている。このとりとめのないカオスこそ東京そのものといえるかもしれない。

　そしてこれらの街角に共通すのは、近代化の原初から昭和にかけて積み重ねてきた、濃密な時間の記憶だろう。東京は、帝都の構築と関東大震災、その後の復興事業と戦争、そして廃墟からの復活と、常に発展と崩壊を繰り返してきた。そしてそのつど、試行錯誤しながら立ち上がってきたのが東京だ。本書で取り上げた物件はどれもがその証であり、東京という街の宝石である。

　2020年のオリンピックの年、ここで取り上げた物件のいくつが残り、いくつがなくなり、そしていくつが再生されているかはわからない。せめて、色とりどり

の宝石を並べることで、東京の記憶を残す一助になれば幸いである。

　執筆で参加いただいたそれぞれのエキスパートの方々には、本書を、深く読み応えのあるものにしていただき、感謝している。

　川筋の変遷から東京という街を俯瞰した、目からウロコな話をいただいた暗渠コラムの本田氏、妖しげな魅力を放つ飲み屋の多くが、敗戦後の焼け跡が作り出した産物であることを教えていただいた路地裏酒場の藤木氏、色事への欲望が変質してしまった現代に呼応するように、かつての優雅な色の世界が消えつつあることを教えていただいた色街の木村氏、同潤会も含めた団地が、過去のものではなく、今も、そして未来も人が住む場所として考えていかなくてはいけない聖地であることを教えていただいた団地の大山氏、東京の知られざる世界をたくさんご教授頂いた編集の山崎氏、可愛くも変態的なデザインをして頂いた星野氏、そして、東京という街を改めて感じ考える機会をいただいた毎日新聞出版さんへ、感謝申し上げる。

　それにしても東京は深すぎる！

2016年（平成28年）　黒沢永紀

東京ガス・スマートエネルギーセンター建設前の豊洲埠頭［第3章 都市の御嶽 空地］

[協力]
北区立中央図書館
東京地下鉄株式会社
東京都水道局
J-heritage
北夙川 不可止
小野田 滋
山本高樹

[参考文献]
『赤レンガ棟の歴史の見どころ〜軍事施設から中央図書館〜』(北区中央図書館)
『四谷大木戸　水道碑記』(東京都水道局)
『荒玉水道抄誌』(東京府荒玉水道町村組合)
『渋谷町上水道抄誌』(渋谷町)
『二つの給水塔』真坂道夫(エムケイ出版)
『露店』東京都臨時露店対策部(東京都)
『戦後の貧民』塩見鮮一郎(文春新書)
『新版 みんなは知らない国家売春命令』小林大治郎・村瀬明(雄山閣)
『消え行く同順会アパート』橋本文隆・内田青蔵・大月敏雄(川出書房出版)

編著者紹介

● **黒沢永紀**（くろさわ・ひさき）

メディア・クリエイター／軍艦島伝道師。軍艦島を筆頭に各地の産業廃墟を、映像・書籍・ウェブ・写真展などあらゆるメディアを通して作品化。映像に軍艦島三部作、廃道三部作、『鉄道廃線浪漫』（すべて日活）、著書に『軍艦島全景』（三才ブックス）、『軍艦島入門』（実業之日本社）、『軍艦島奇跡の海上都市完全一周』（宝島社）など。blog:「廃墟徒然草」検索

執筆者紹介（掲載順）

● **本田 創**（ほんだ・そう）

1972年東京生れ。暗渠者。小学生の頃に川探索に目覚め、実家の近所を流れていた谷田川から暗渠の道にはまる。1997年より開始した、東京の暗渠・川・水路・湧水を辿るウェブサイト「東京の水」は現在、「東京の水2009 Fragments」として展開中。編著に『東京「暗渠」散歩』（洋泉社）。

▶ 本書寄稿ページ：「都市東京の発展と河川の暗渠化」（文・写真・地図）

● **木村 聡**（きむら・さとし）

1956年茨城県大洗町生れ。早稲田大学第一文学部卒。出版社勤務を経て、著述、編集、写真撮影、作詞などに携わる。著書に『赤線跡を歩く』『消えた赤線放浪記』（共に「ちくま文庫」）、『色街百景・定本赤線跡を歩く』（彩流社）、『写真集・赤線奇譚』（ミリオン出版）などがある。

▶ 本書寄稿ページ：「吉原」「玉の井・鳩の町」「消えた赤線跡」（以上、文・写真）

● **藤木TDC**（ふじき・てぃーでぃーしー）

1962年生れ。ライター。雑誌、ムックなどに連載、寄稿。著書に『ニッポンAV最尖端 欲望が生むクールジャパン』（文春文庫）、構成担当『日活不良監督伝 だんぴら一代 藤浦敦』（藤浦敦・著）。無料WEBコミックサイト「リイドカフェ」にて『辺境酒場ぶらり飲み』原作担当（作画・和泉晴紀）。

▶ 本書寄稿ページ：「神田小路・今川小路」「初音小路」「新宿センター街」（以上、文）

● **大山 顕**（おおやま・けん）

1972年千葉県生れ。団地フォトグラファー／ライター。主な著書に『団地の見究』『工場萌え』（いずれも東京図書）、『ジャンクション』（メディアファクトリー）、『ショッピングモールから考える』（東浩紀との共著・幻冬舎）など。twitter: @sohsai

▶ 本書寄稿ページ：「同潤会三ノ輪アパートメント」（文）、「青山北町アパート」（文・写真）

[本文デザイン・DTP]
星野 藍（SATIAN/39）

[カバーデザイン]
黒沢永紀

[デザイン協力]
新井国悦（ドーナツスタジオ）

[編集]
山崎三郎

東京ディープツアー
2020年、消える街角

印刷　2016年6月1日

発行　2016年6月15日

編著者　黒沢永紀（くろさわ ひさき）

発行人　黒川昭良

発行所　毎日新聞出版
〒102-0074
東京都千代田区九段南1-6-17 千代田会館5F
営業本部　03-6265-6941
図書第二編集部　03-6265-6746

印刷　三松堂印刷

製本　大口製本

落丁・乱丁本はお取り替えいたします。
本書を代行業者などの第三者に依頼してデジタル化することは、たとえ個人や家族内の利用でも著作権法違反です。

© Kurosawa Hisaki 2016, Printed in Japan
ISBN 978-4-620-32386-2